これでわかる！
スポーツ損傷超音波診断
肩・肘+α

名古屋スポーツクリニック院長
杉本 勝正／著

全日本病院出版会

序文

　1984年，私が肩関節を大学で研究したいと，当時名古屋市立大学整形外科教授の松井宣夫先生にお願いした頃を，この序文を書きながら思い出します．教授には快諾していただいたものの，当時直接指導者は大学医局にはいなかったので，小児グループが使い始めていた超音波装置を肩関節に応用してみようとスタートしたのが超音波との出会いです．以来，『肩関節，超音波，スポーツ』の key word を整形外科医として持ち続けた 25 年間でした．2006 年に名古屋スポーツクリニックを立ち上げ，院長として外来，手術，学会活動，医院運営と勤務医の頃よりも忙しい毎日を過ごして，はや 5 年以上経ちました．完全予約制で外来患者の 40～50％が野球選手，その他のスポーツ障害，スポーツ外傷の患者を中心に診察し，超音波装置を傍らに 80～90％の患者の超音波像を描出しております．今回私が医師になって 30 年経ったのを機会に，今まで行ってきた超音波診断技術を若手医師，スポーツ関係者に伝授するために本書を出版することとなりました．スポーツ選手にとってなくてはならない診断手技を医師のためのみならず患者様のためにも役立つ本にしようと，私の経験を中心に書き上げました．私の専門とする肩・肘に加え「プラスα」として下肢・体幹・手関節の症例を「ケースライブラリ」形式で示しました．また，本文中には「テクニックノート」や「プラスαの知識」を設け，理解をアシストする工夫を凝らしました．

　この本の出版にあたり，私を長年にわたり支えていただいた名古屋市立大学整形外科同門の先生方，当院スタッフ，そして全日本病院出版会の関係者の方々に深く感謝します．

2012 年 8 月

杉本　勝正

目　次

これでわかる！スポーツ損傷超音波診断　肩・肘＋α

I　総論
超音波検査が有用なスポーツ障害，外傷

1. 筋肉損傷 ……………………………………………………………………………………… 2
2. 腱損傷，腱亜脱臼 …………………………………………………………………………… 4
3. 靱帯損傷 ……………………………………………………………………………………… 5
4. 軟骨損傷 ……………………………………………………………………………………… 6
5. 骨端線損傷 …………………………………………………………………………………… 7
6. 神経血管損傷 ………………………………………………………………………………… 8
7. 疲労骨折，不全骨折 ………………………………………………………………………… 9

II　各論
超音波検査が有用なスポーツ障害，外傷—肩関節・上腕

肩関節解剖と超音波正常像 ………………………………………………………………… 12
　　Check① 投球障害肩の病態確認 ……………………………………………………… 17
上腕骨近位端骨折（頚部骨折含む） ………………………………………………………… 19
リトルリーグ肩（上腕骨近位骨端線離開） ………………………………………………… 20
腱板損傷 ……………………………………………………………………………………… 22
　　　　a）棘上筋腱断裂　22
　　　　b）肩甲下筋腱断裂，損傷　22
　　　　c）棘下筋萎縮　22
　　Check② 反復性肩関節脱臼，外傷性肩関節前方不安定症で認められる
　　　　　　　病態確認 ……………………………………………………………………… 26
関節唇損傷 …………………………………………………………………………………… 27
　　　　a）前下方関節唇損傷，反復性肩関節脱臼，亜脱臼　27
　　　　b）鏡視下Bankart修復術後の超音波像　29
　　　　c）前上方部損傷（anterosuperior corner injury）　31
　　　　d）上方関節唇損傷　33
　　　　e）後方関節唇損傷　35
ガングリオンによる肩甲上神経麻痺 ……………………………………………………… 37
骨頭notch，Hill-Sachs損傷 ………………………………………………………………… 38

肩鎖関節損傷，鎖骨遠位端骨折	39
上腕二頭筋長頭腱炎，脱臼，断裂	40
Pulley lesion, Hidden lesion	41
Impingement 症候群，Swimmer's shoulder	42
Bennett 病変	43
肩甲胸郭部滑液包炎，肩甲骨内上角炎	46

III 各論 超音波検査が有用なスポーツ障害，外傷―肘関節

肘関節解剖と超音波正常像 ……… 50

Check ❸ 野球肘の病態確認	55
外側型野球肘（離断性骨軟骨炎）	57
内側型野球肘（リトルリーグ肘，内上顆骨端核離開，肘内側側副靱帯損傷）	60
後方型野球肘	65
外上顆炎，バックハンドテニス肘	68
内上顆炎，ゴルフ肘，フォアハンドテニス肘	70
肘部管症候群	71
肘滑膜ヒダ障害	72
上腕筋遠位部損傷	73
肘関節遊離体	74

IV プラスαの知識―ケースライブラリ―

1. 手・指関節

マレットフィンガー	78
三角線維軟骨複合体（TFCC）損傷	79
de Quervain 病	82
尺側手根伸筋腱（ECU）炎，脱臼	83
有鉤骨鉤骨折	84
スキー（ポール）サム（母指）	85

2. 骨盤・股関節・体幹

- 上前腸骨棘・下前腸骨棘・坐骨結節・腸骨稜裂離骨折 ……………… 87
- 股関節 impingement ……………………………………………………… 88
- 腸腰筋，大腿直筋損傷 …………………………………………………… 89
- 多裂筋損傷 ………………………………………………………………… 90
- 腰椎分離症 ………………………………………………………………… 91
- 腹直筋損傷 ………………………………………………………………… 92

3. 膝関節

- 半月板損傷 ………………………………………………………………… 93
- Parameniscal ganglion …………………………………………………… 94
- 膝内側側副靱帯損傷 ……………………………………………………… 95
- 内側膝蓋大腿靱帯（MPFL）損傷 ………………………………………… 96
- ランニング膝 ……………………………………………………………… 97
- ジャンパー膝（Sinding-Larsen-Johansson 病） ………………………… 98
- Osgood 病（Osgood-Schlatter 病） ……………………………………… 99
- 有痛性分裂膝蓋骨 ………………………………………………………… 100
- 鵞足炎 ……………………………………………………………………… 101
- 膝前十字靱帯（ACL）損傷に伴う Segond 骨折 ………………………… 102

4. 下 腿

- シンスプリント …………………………………………………………… 103
- 脛骨・腓骨・足関節内果疲労骨折 ……………………………………… 104
- アキレス腱炎 ……………………………………………………………… 105
- アキレス腱断裂 …………………………………………………………… 106
- テニスレッグ ……………………………………………………………… 107

5. 足関節・足

- 足関節捻挫，靱帯損傷 …………………………………………………… 108
- 中足骨・舟状骨疲労骨折 ………………………………………………… 111
- Impingement exostosis，フットボーラーズアンクル ………………… 112
- 腓骨筋腱脱臼 ……………………………………………………………… 113
- 足底腱膜炎 ………………………………………………………………… 114
- 有痛性外脛骨 ……………………………………………………………… 115
- Lisfranc 靱帯損傷 ………………………………………………………… 116
- 後脛骨筋腱炎 ……………………………………………………………… 117

◆索 引 ……………………………………………………………………… 118

これでわかる！スポーツ損傷超音波診断 肩・肘+α

総論

I 超音波検査が有用な スポーツ障害，外傷

Ⅰ. 超音波検査が有用なスポーツ障害，外傷：総　論

1．筋肉損傷（図Ⅰ-1, 図Ⅰ-2）

　血腫や浮腫を低エコー，筋損傷の断端や短縮した筋腹を高エコー，筋内腱，羽状角，筋膜の走行異常をとらえ，損傷部位，程度を診断する．筋肉を直接打撲したような損傷は筋挫傷で，深部の骨表面などの硬い組織に隣接した領域が損傷しやすい．低エコー像は時間とともに減少し高エコー部位が広がり，硬結は高エコーとして出現してくる．圧痛と低エコー領域が減少するとともにストレッチを開始するが，高エコー領域が明らかな時点では筋力増強訓練を軽度にとどめる．硬結が不明瞭で高エコーが正常化するに従い，瞬発系のトレーニングを増やしていく．

テクニックノート

　小さな筋肉損傷は見つけにくいので，長軸，短軸でプローブを平行移動させ，動態で筋肉内の異常低エコー像または高エコー像をとらえる．それらしき変化が発見されたら必ずドプラーで血管像か否かを確認する．筋肉挫傷は深部の骨表面に近い部位を検索する．筋損傷の再発例は高エコー像に隣接した近位か遠位部に発生しやすい．

図Ⅰ-1　大腿四頭筋内血腫

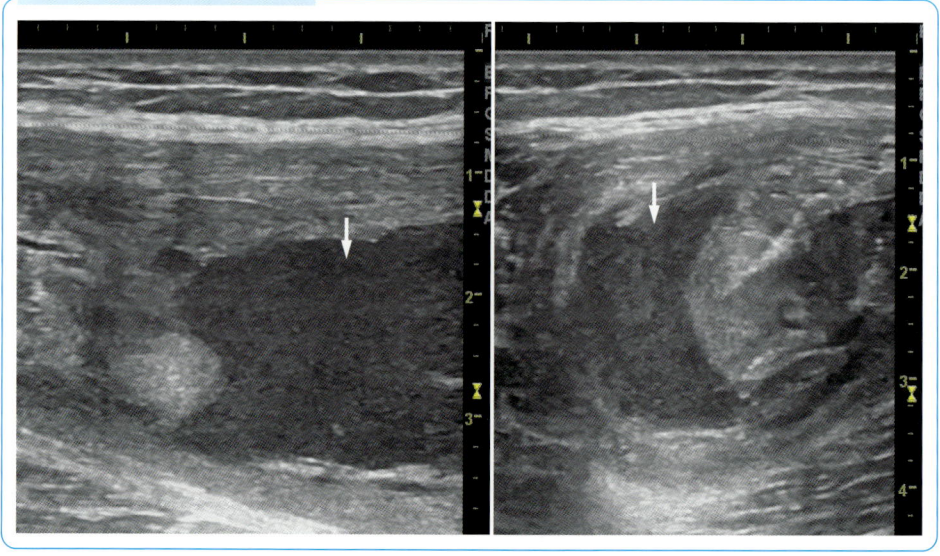

図Ⅰ-2 下腿三頭筋損傷

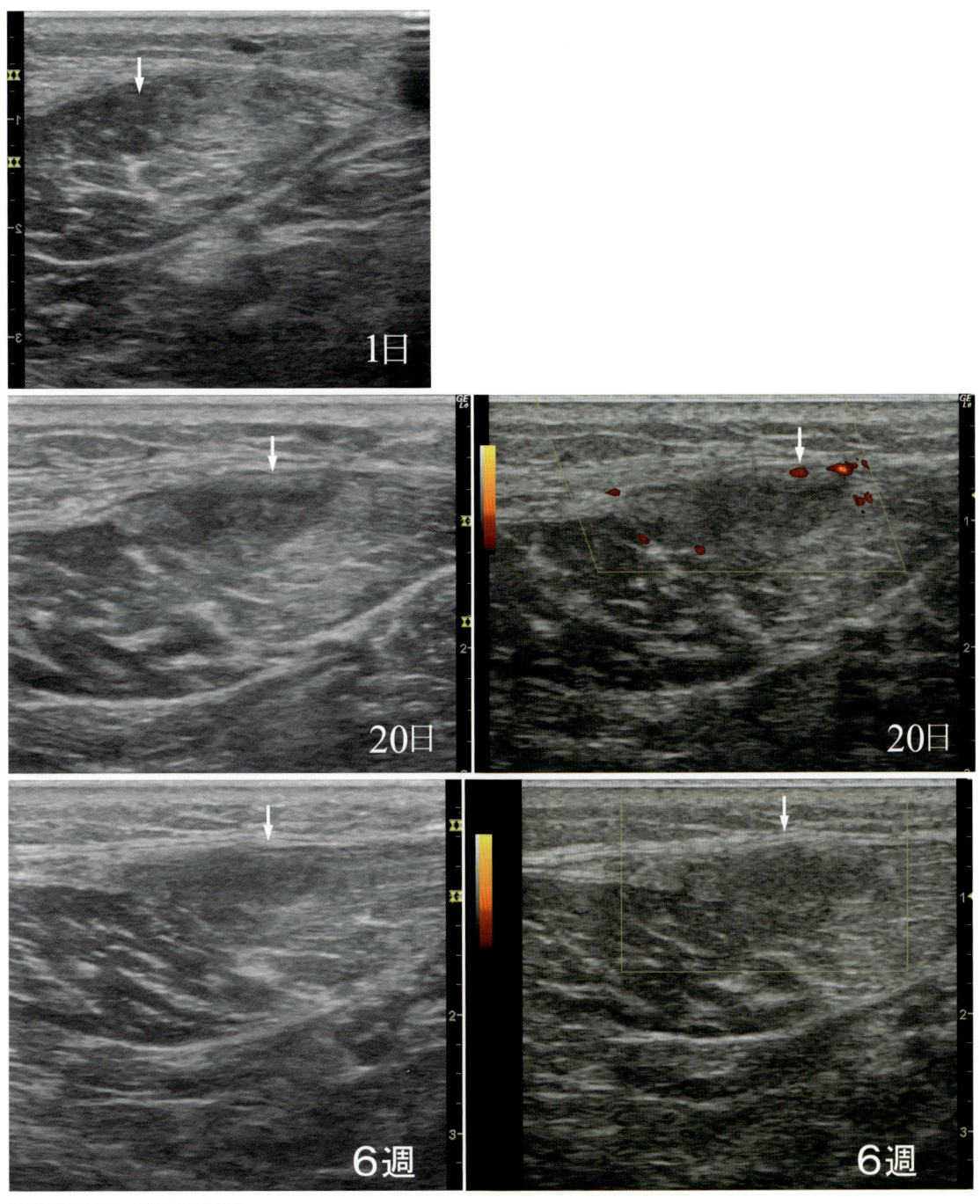

受傷後1日：境界不鮮明
受傷後20日：損傷領域が鮮明となり，高，低エコーが混在している．ドプラーでも血流が豊富となっている．
受傷後6週：損傷部位が均質な中等度エコーとなり，ドプラーにて周辺血流が減少している．

2．腱損傷，腱亜脱臼（図Ⅰ-3）

　筋肉から腱にいたる走行を解剖学的に把握し，長軸，短軸で腱が高エコー像で描出されるようにプローブの方向を調整する．異方性に注意し腱の連続性，腫脹，輝度変化，位置異常をとらえる．

> **テクニックノート**
> 　正常な解剖を理解することと，実際に腱をゆっくり動かしてみるとより理解しやすくなる．その際，プローブや他の組織を安定させた状態で観察する．

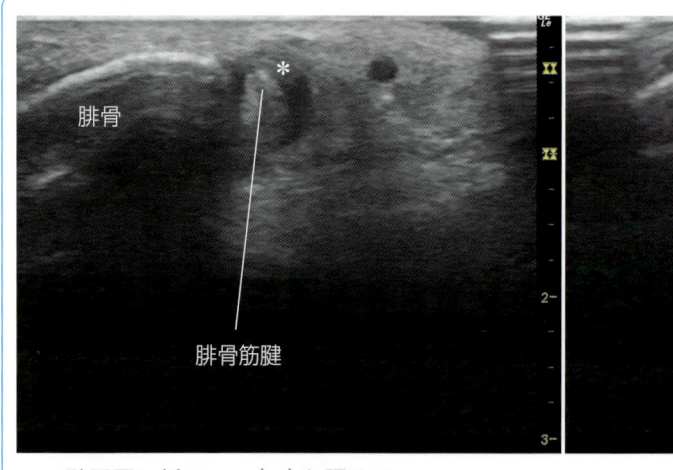
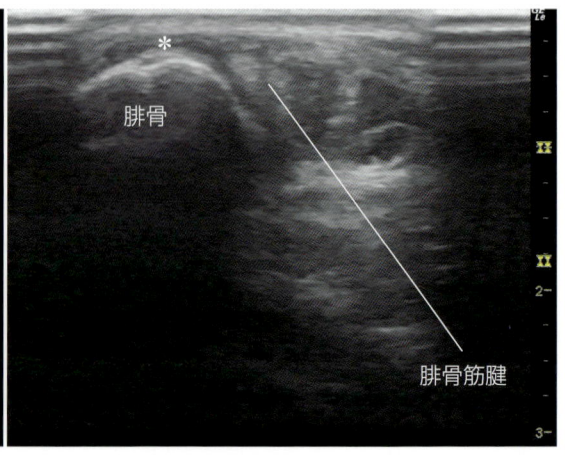

図Ⅰ-3　腓骨筋腱炎・脱臼

a：腱周囲に低エコー（＊）を認める．
b：腓骨筋腱脱臼．腱の内側部腓骨表面に低エコー（＊）を認める（腓骨筋腱は脱臼位ではない）．

3．靱帯損傷(図Ⅰ-4)

　靱帯の起始，停止部を把握し，そのどちらの損傷か，程度と治癒過程を把握する．膝の内側側副靱帯損傷の場合は脛骨付着部，大腿骨付着部か，深層か浅層かを鑑別でき，周囲の低エコー像から炎症程度を把握する．剥離骨片が存在する場合は圧痛が長期に残存するため，圧痛による経過の判断は困難で，超音波像から炎症の程度と経過を診断する．外反ストレステストと靱帯周囲の低エコー像の減少に伴いランニング強度，練習内容をアドバイスしていく．

テクニックノート

　起始，停止部の表面形状にあわせ骨表面エコーを明瞭にとらえる．その後異方性が出現しないように三次元的に微調整すると鮮明な画像を得やすい．

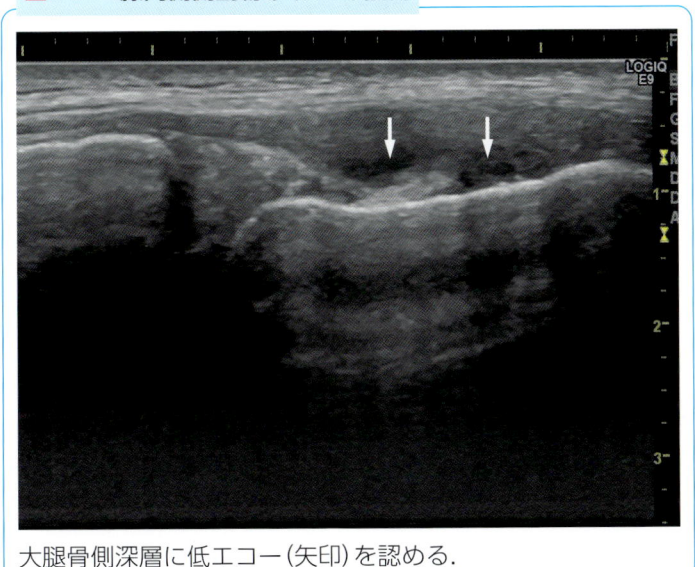

図Ⅰ-4　膝内側側副靱帯(MCL)損傷

大腿骨側深層に低エコー(矢印)を認める．

4. 軟骨損傷（図I-5）

　硝子軟骨の厚み，表面形状，軟骨下骨の状態から判断する．離断性骨軟骨炎では軟骨層と軟骨下骨層に存在する低エコー領域の幅，広がりが一番の危険因子で，この低エコーが存在する限り経過観察する必要がある．肘関節では圧痛の減少，低エコー領域の減少と軟骨下骨がアーチ上に形成されてくるに従い，運動量，投球数を増やしていく．

> **テクニックノート**
>
> 　関節遊離体の確認は関節をゆっくり最小限で動かしながら，異常可動性を確認し骨棘と鑑別する．離断性骨軟骨炎（OCD）は経時的に検査するので，再現性を良くするため各部位にメルクマールを設定しておくと良い．

図I-5　肘離断性骨軟骨炎，軟骨下骨の不整

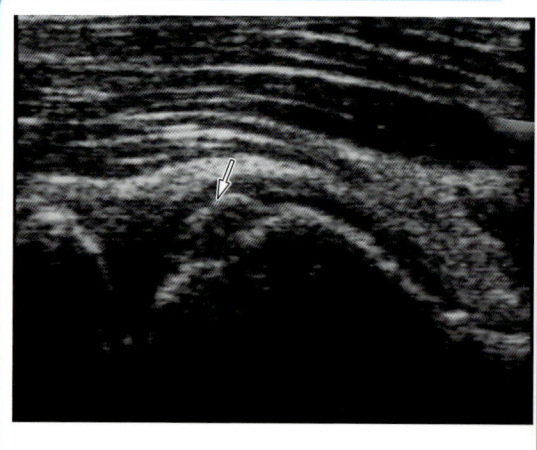
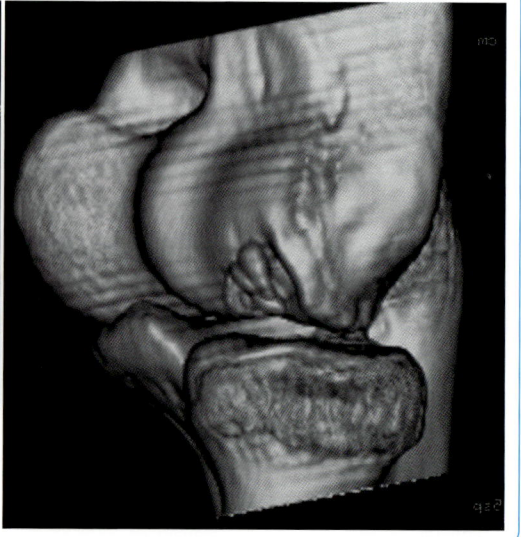

矢印：軟骨下骨の不整，不連続

5．骨端線損傷（図Ⅰ-6）

　骨端線内や周囲の低エコーをとらえる．リトルリーグ肩で一般に知られている上腕骨近位骨端線損傷は，上腕後外側部の疼痛と超音波上骨端線部位に限局した低エコー像の出現で診断できる．低エコー像は，2 週間～1 か月で消失してくる．抵抗テストの陰性化と低エコーの消失に伴い運動レベルを上げていくが，自制することが困難な子どもでは再発する可能性もあるので注意する必要がある．腓骨遠位，脛骨近位，尺骨遠位，肘頭，上腕骨近位，上腕骨内上顆などが好発部位である．

テクニックノート

　骨端線の幅，その中の輝度，周囲骨膜の性状と輝度を再現性を意識して検査する．左右差を確認し，一番低エコーが出現している部位をとらえ，同部の限局した圧痛や介達力による疼痛出現を確認する．ドプラーで血流変化も経時的にとらえることも有用である．

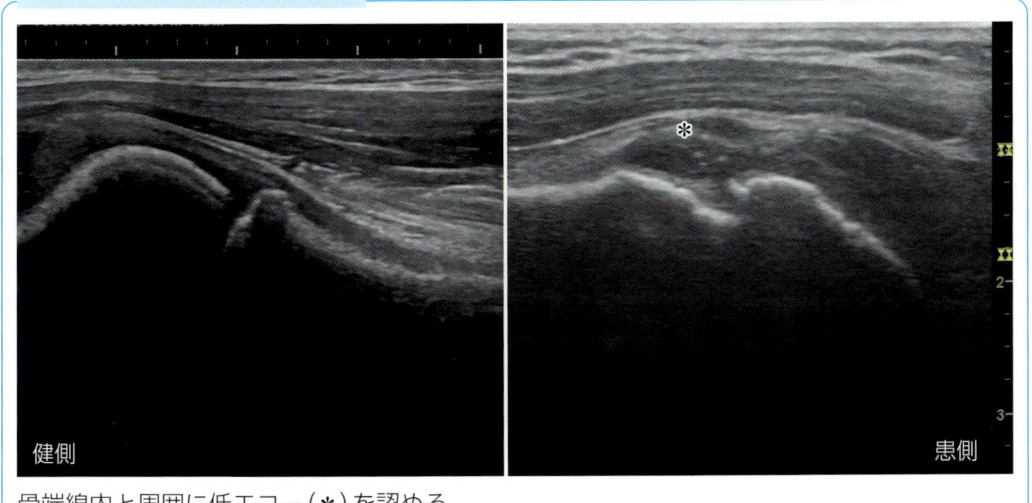

図Ⅰ-6　上腕骨近位骨端線損傷

骨端線内と周囲に低エコー（＊）を認める．

これでわかる！スポーツ損傷超音波診断 肩・肘＋α

6．神経血管損傷（図Ⅰ-7）

　四肢に走行する神経血管の解剖を把握する．神経は，短軸で神経鞘がよくわかるようにプローブを調節する．血管は圧迫してつぶれるか否かで鑑別できる．

テクニックノート

　神経の近くを血管が走行する場合が多いので，ドプラーで血管の存在を確認してから神経を捜すと簡単な場合がある．

図Ⅰ-7 神経血管損傷

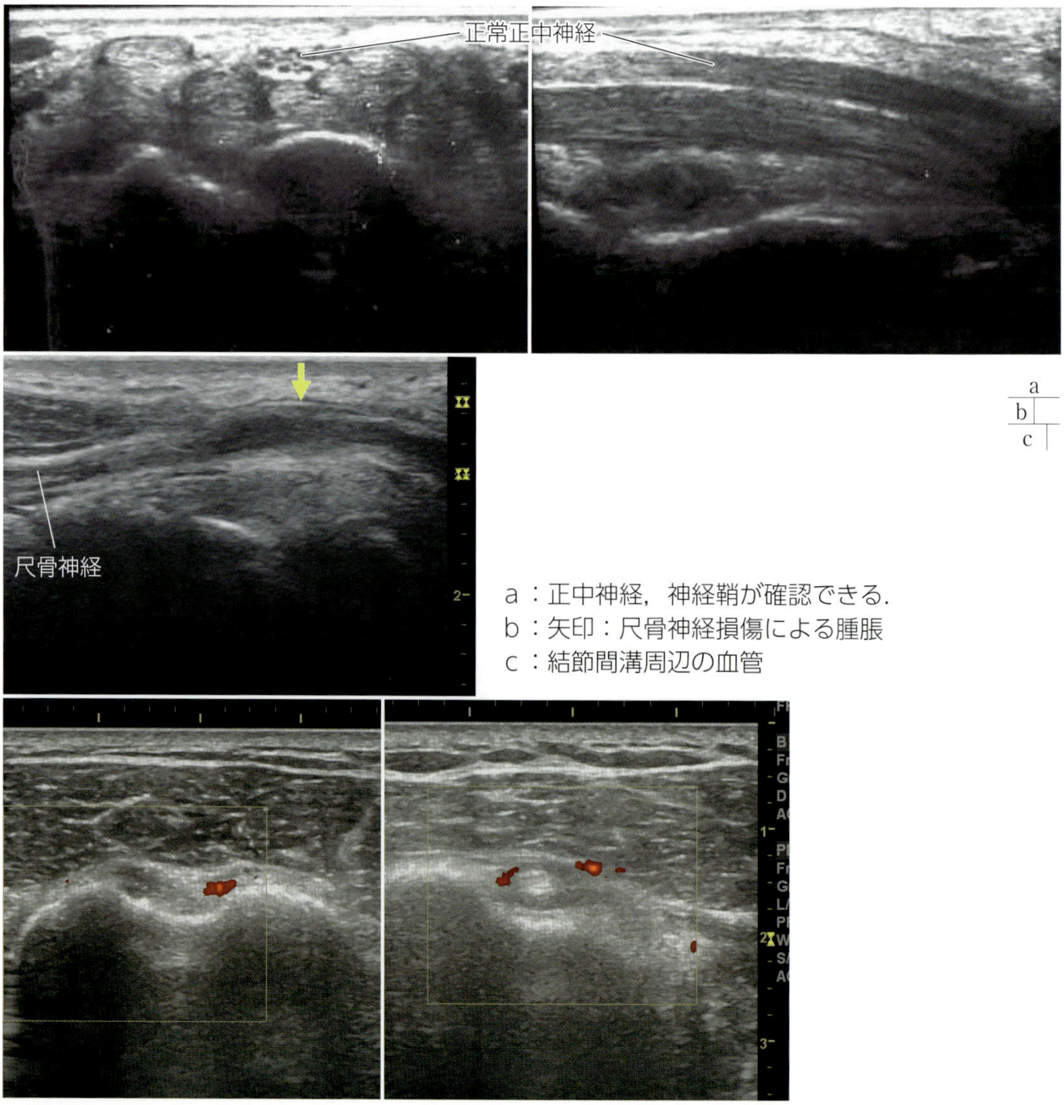

a：正中神経，神経鞘が確認できる．
b：矢印：尺骨神経損傷による腫脹
c：結節間溝周辺の血管

7. 疲労骨折(図Ⅰ-8), 不全骨折(図Ⅰ-9)

骨皮質表面, つまり骨膜の腫脹, 低エコー像をとらえる. X線よりも早期に発見できる. 好発部位を把握し, 圧痛点と一致した場合, 疲労骨折の可能性が高い.

テクニックノート

とにかく圧痛部位をまず正確に同定し, その骨表面, 骨膜変化を詳細に観察する. 陳旧例や再発例もあるのでドプラーで炎症程度も確認する.

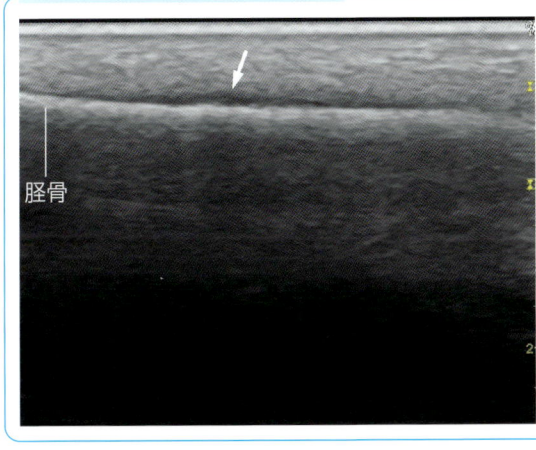

図Ⅰ-8　脛骨疲労骨折初期像

骨膜のみ低エコー(矢印)となり肥厚している.

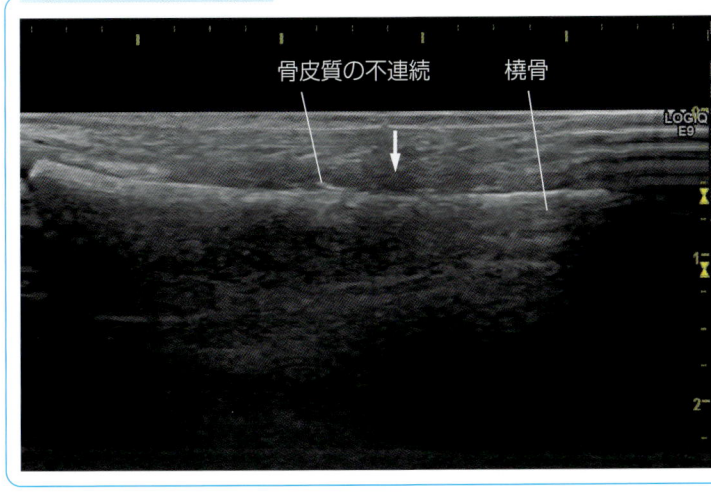

図Ⅰ-9　橈骨不全骨折

骨皮質の不連続と周囲の血腫を認める. (矢印：低エコー)

これでわかる！スポーツ損傷超音波診断 肩・肘＋α

各論

II 超音波検査が有用なスポーツ障害，外傷 ―肩関節・上腕

II. 超音波検査が有用なスポーツ障害，外傷：各 論

肩関節・上腕

肩関節解剖（図II-1，図II-2，図II-3，図II-4）と超音波正常像（図II-5，図II-6，図II-7）

<解剖のキーポイント>
- 上腕二頭筋長頭腱（図II-1）
- 肩甲下筋（図II-1，2）
- 結節間溝（図II-5）
- 棘上筋（図II-1〜3，7）
- 棘下筋（図II-2，3，7）
- 小円筋（図II-3）
- 上方関節唇（図II-7）
- 前下方関節唇（図II-7）
- 後方関節唇（図II-7）

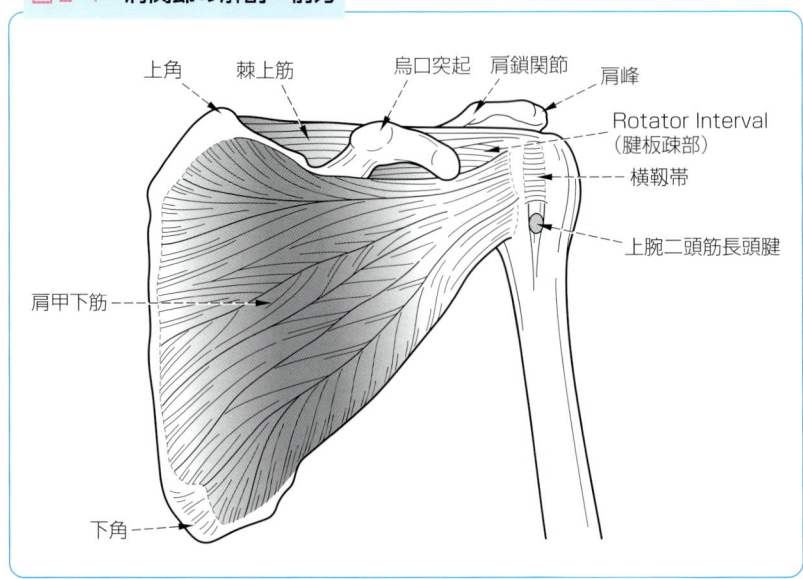

図II-1　肩関節の解剖：前方

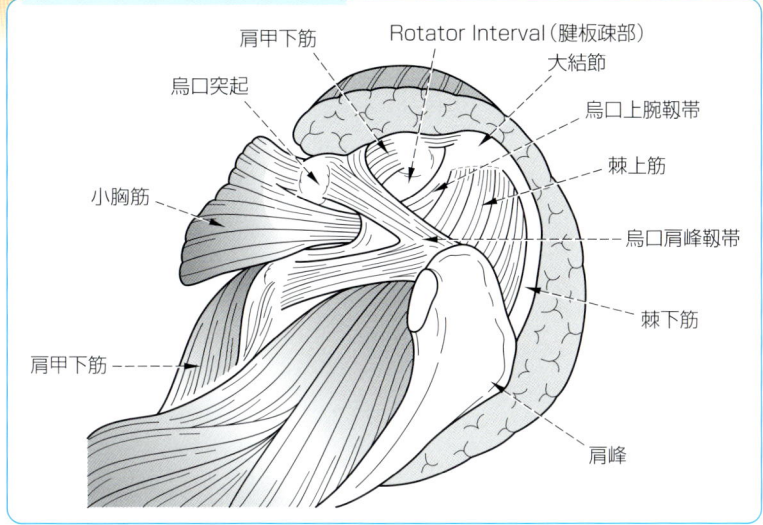

図Ⅱ-2　肩関節の解剖：上方

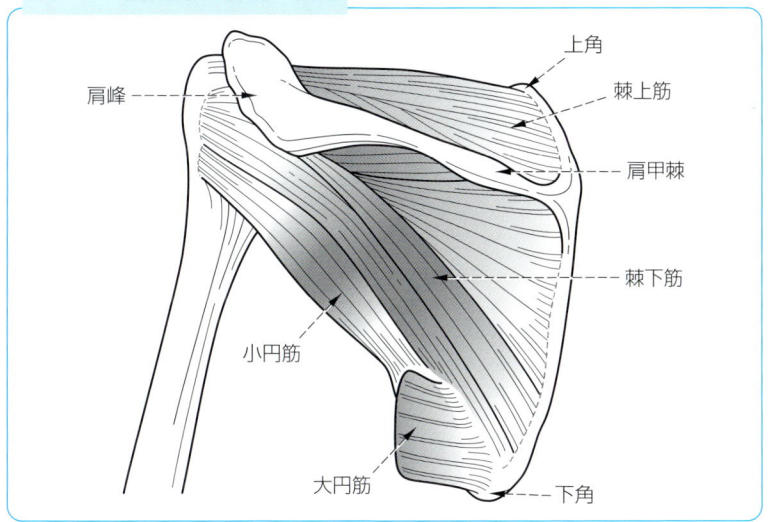

図Ⅱ-3　肩関節の解剖：後方

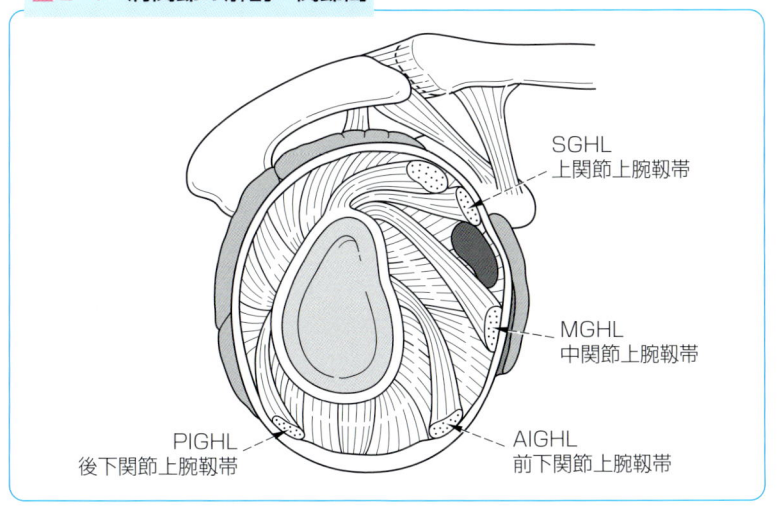

図Ⅱ-4　肩関節の解剖：関節窩

これでわかる！ スポーツ損傷超音波診断 肩・肘＋α

図Ⅱ-5 前方の正常超音波像

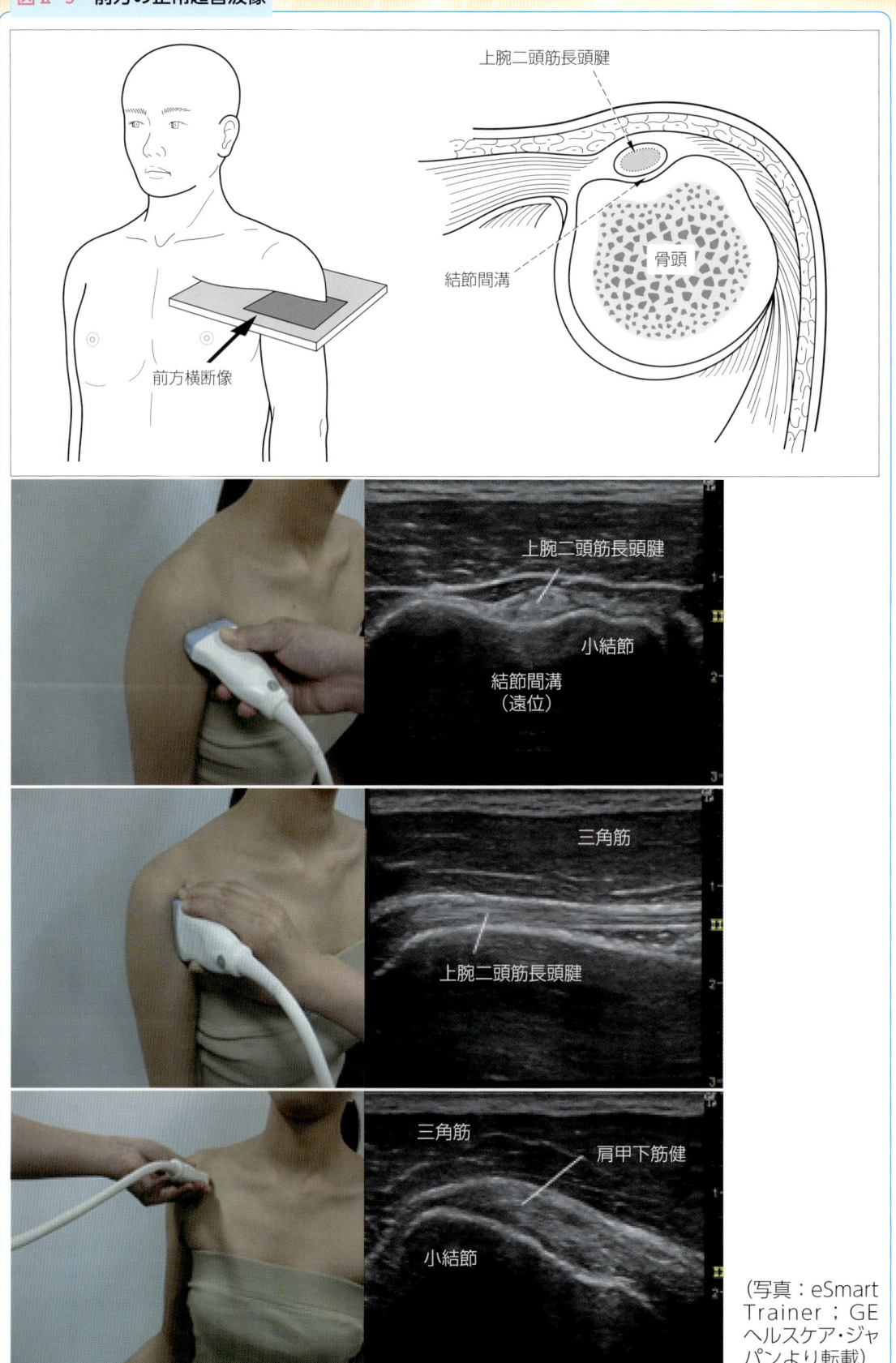

（写真：eSmart Trainer；GEヘルスケア・ジャパンより転載）

図Ⅱ-6 上方の正常超音波像

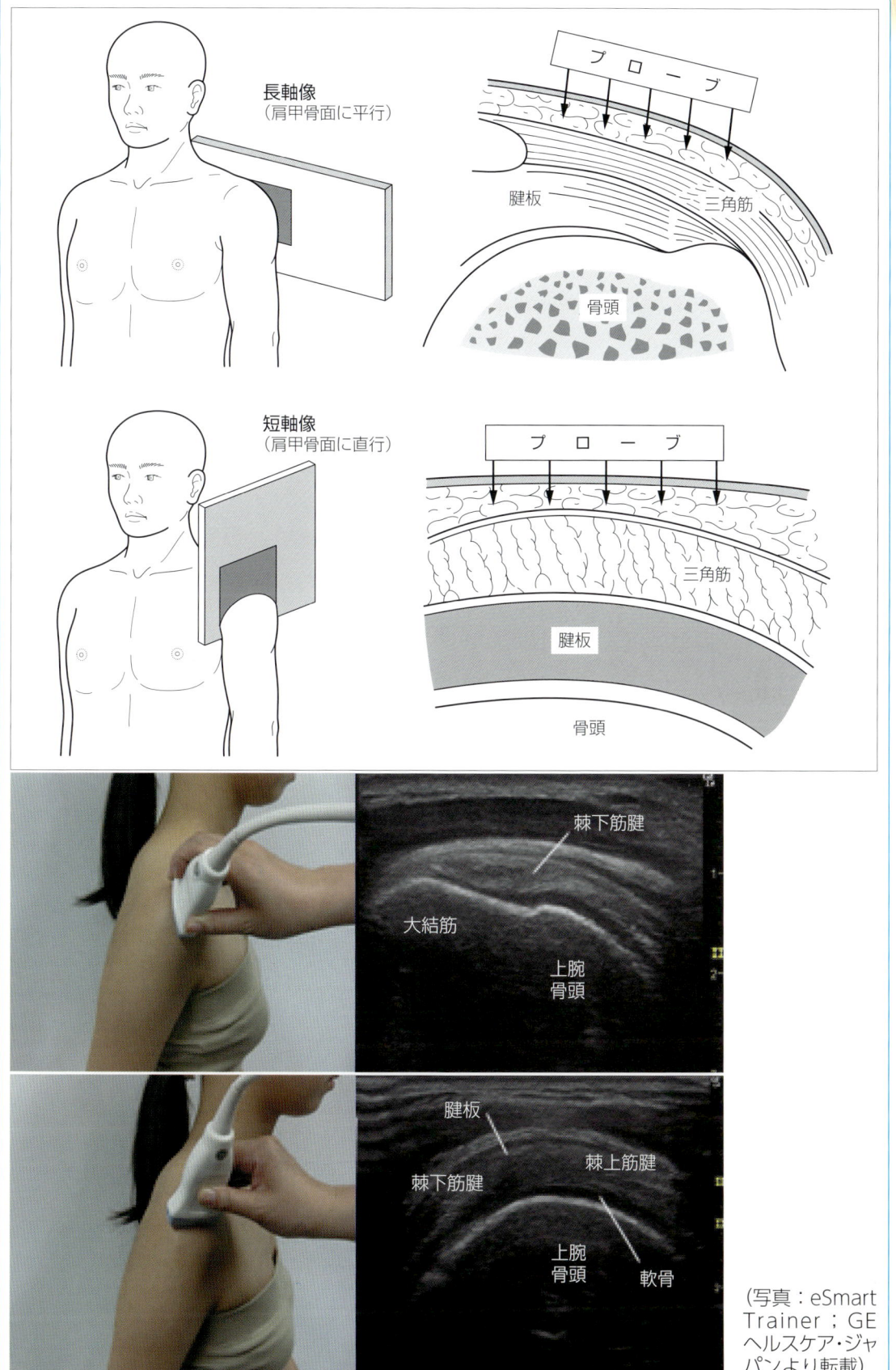

(写真:eSmart Trainer;GEヘルスケア・ジャパンより転載)

図II-7 後方の正常超音波像と上方関節唇，前下方関節唇の正常像

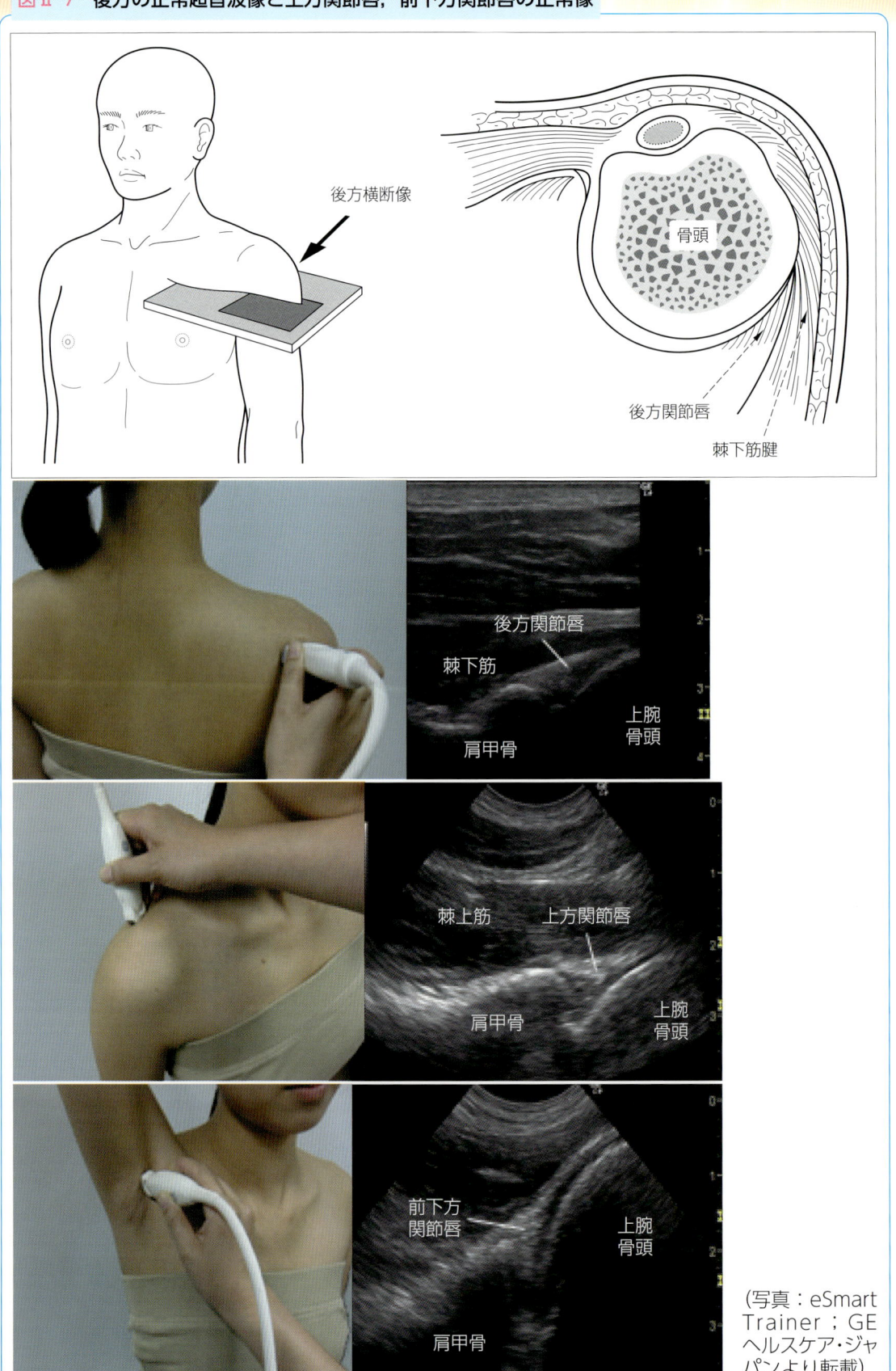

（写真：eSmart Trainer；GEヘルスケア・ジャパンより転載）

Check ❶
投球障害肩の病態確認

野球肩の病態メカニズム

　投球過多，フォーム不良，全身的要因により肩関節に負荷が加わり発症する．その経路として Jobe ら[II-1]は前方の緩みが発症起点となり，internal impingement や上方関節唇損傷が生じると報告している（図II-8）．

　Burkhart，Morgan ら[II-2]は後方関節包の硬さが骨頭を後上方に押し上げ，上腕の過外旋を引き起こし，LHB，上方関節唇の peel back（上方関節唇が上腕二頭筋長頭腱の牽引力により近位方向にずれ込む現象）や腱板の過剰なねじれにより腱板損傷や上方関節唇損傷が生じると考えている（図II-9）．また，Andrews らは LHB の減速期（deceleration phase）における牽引力が上方関節唇に損傷を加え，SLAP 病変が生じると考えた．

　筆者は成長期の選手のように筋力が小さく関節弛緩性が高い選手は，遠心性収縮による棘下筋，小円筋，三頭筋長頭などの後方筋群が硬化する（後方タイトネス）ことにより前後のバランスが大きく崩れ，Burkhart らの考えた経緯で前方の損傷が惹起されると考えている．この時期に三頭筋の肩甲骨付着部での剥離骨折や骨肥厚が生じ，Bennett 骨棘へと発展する．関節弛緩性が低く筋力が比較的十分な成人選手では直接前方要素に加わる伸張ストレスで前上方要素が破綻するが，後方要素も硬く伸張性がないと前方をさらに障害すると考えている．このように肩関節の前後のバランスが崩れることにより障害へと進展していくと考えている（図II-10）．

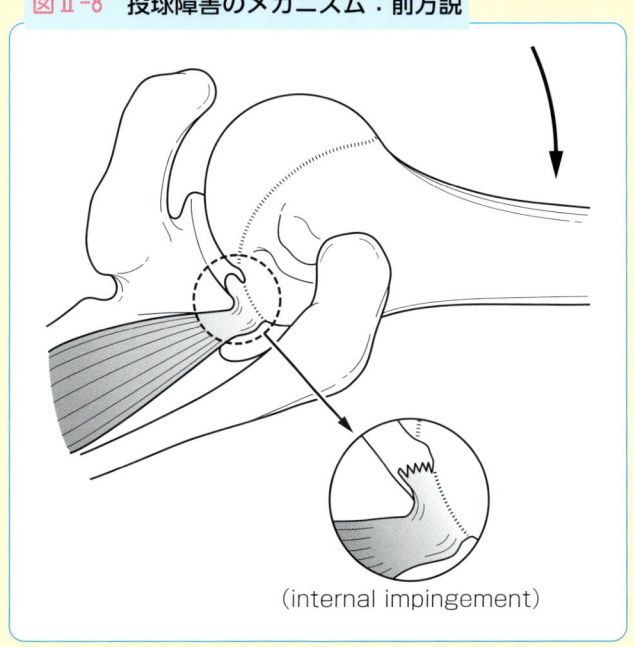

図II-8　投球障害のメカニズム：前方説

（internal impingement）

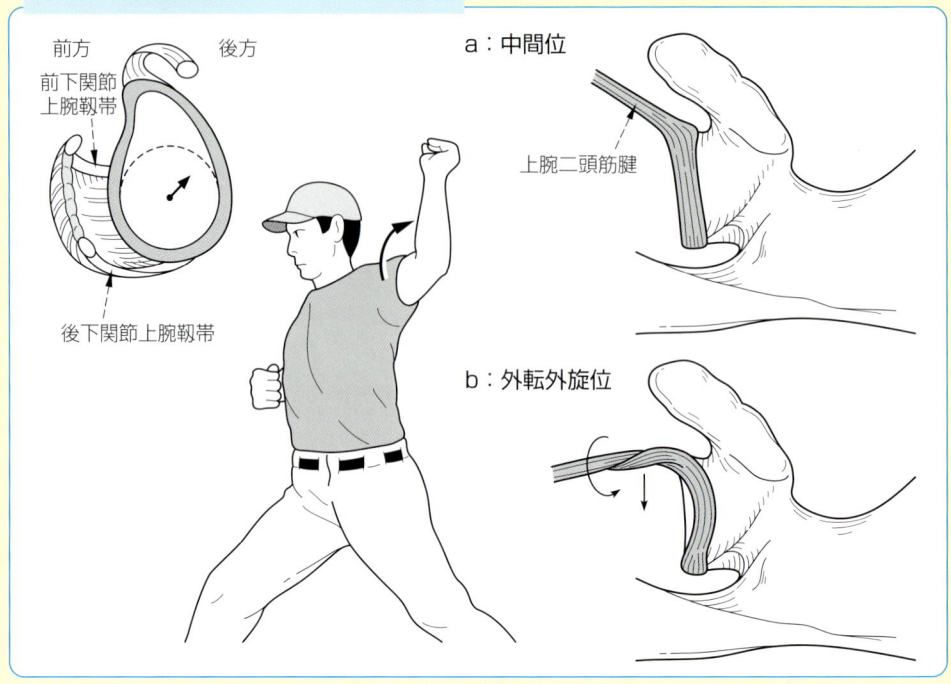

図Ⅱ-9　投球障害のメカニズム：後方説

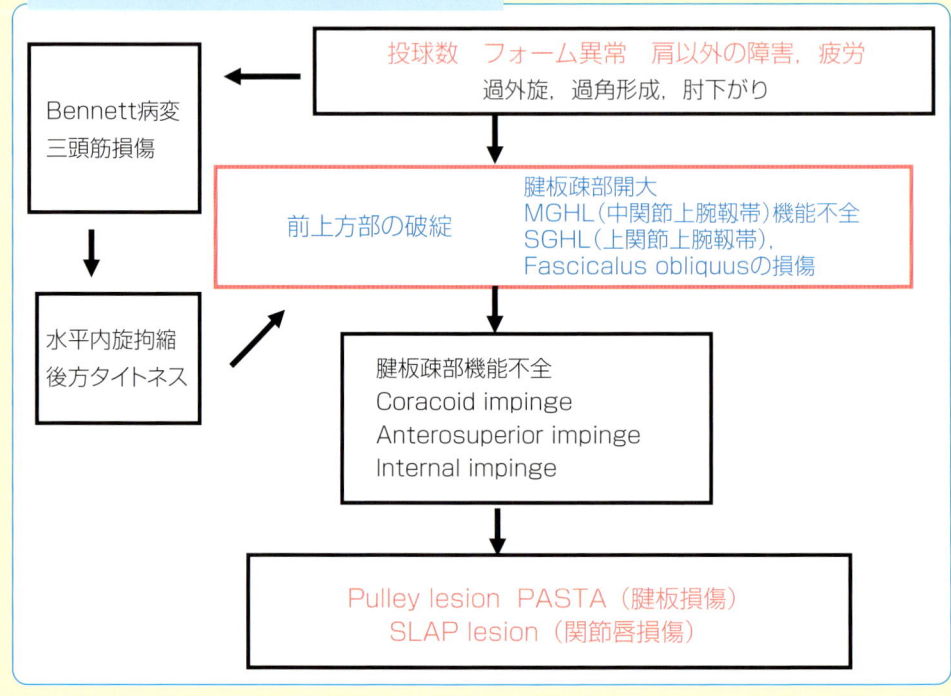

図Ⅱ-10　筆者の考える投球障害メカニズム

上腕骨近位端骨折 （頚部骨折含む）(図Ⅱ-11)

不全骨折の診断はＸ線検査では困難な症例があるが，超音波画像では，上腕骨皮質表面の不連続，血腫形成により診断できる．大結節，小結節の不全骨折には特に有用．

◆**症例1** 27歳，スノーボーダー(図Ⅱ-12)

転倒し肩を打撲した．挙上できなかったが次第に可能となった．しかし，まだ運動時痛むので受傷後約1か月で来院．超音波像でＸ線では全く認められない大結節の骨折を認めた．骨折部周辺に仮骨形成を認め，周囲に腫脹なく圧痛も軽度なためリハビリテーションを開始した．

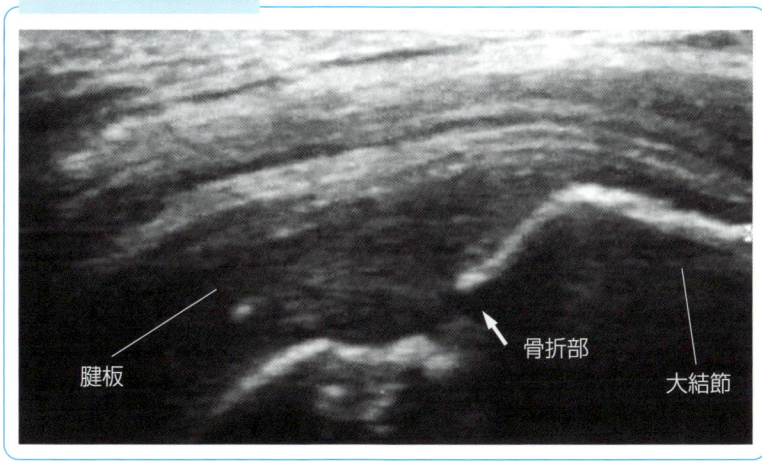

図Ⅱ-11 大結節骨折

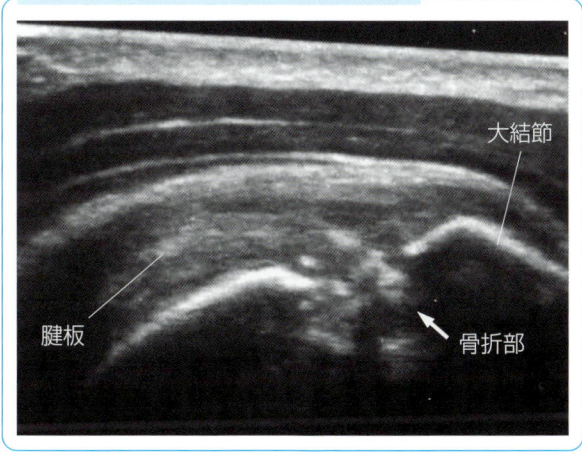

図Ⅱ-12 症例1：陳旧性大結節骨折

リトルリーグ肩
（上腕骨近位骨端線離開）(図Ⅱ-13)

特に後外側の上腕骨近位骨端線離開と，浮腫，血腫形成を確認する．

◆**症例2**　11歳，男子．ピッチャー(図Ⅱ-14)

投球にて痛み出現．上肢挙上でも痛く動かせなかったが，数日で日常生活上の痛みは消失した．上肢外転抵抗テストで上腕骨後外側から肘にかけて痛みを訴え，X線検査にて外側近位骨端線が軽度開大していた．この時点での超音波像では骨端線の周囲に低エコーを認めた(図Ⅱ-14-a)．リトルリーグ肩の診断で経時的に2週間単位で経過観察した．次第に低エコー領域は減少し，抵抗テストでの痛み誘発も減少してきた(図Ⅱ-14-b)．その間バント練習とトスバッティング，軽くシャドースローでのフォームチェックを指導し，本人，家族のモチベーションを維持しつつ，4～6週目に入って抵抗テストがほぼ消失した時点よりネットスロー，両手での

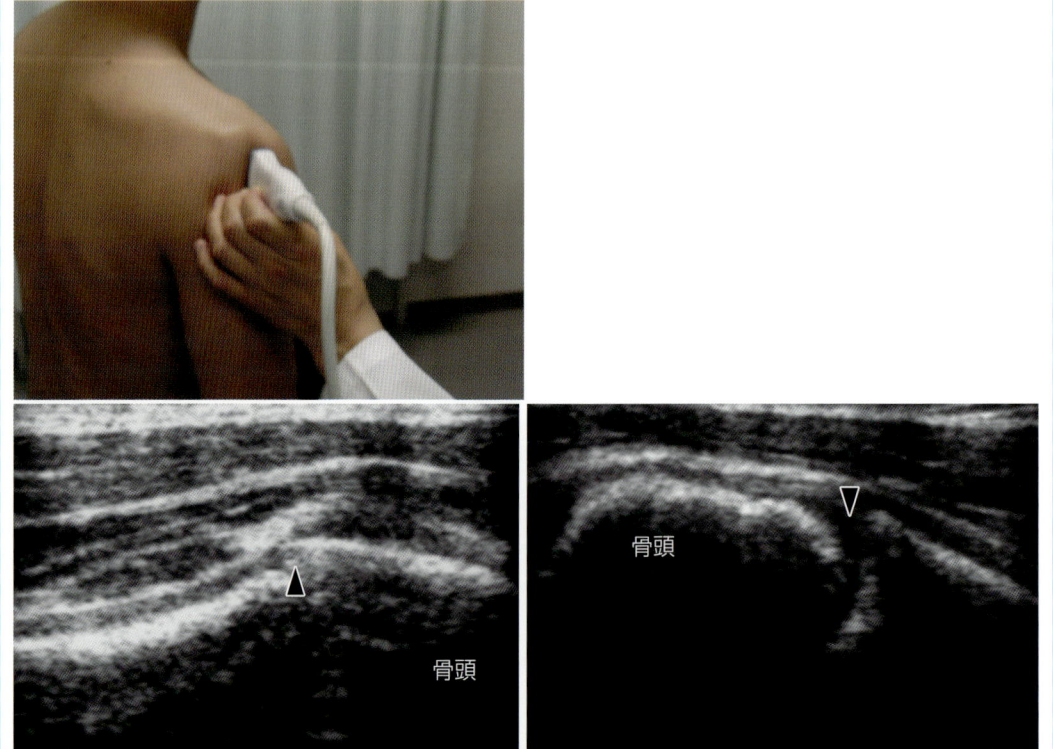

図Ⅱ-13　リトルリーグ肩

投球側骨端線は開大し周囲に低エコーを呈している．（▲：骨端線）

図Ⅱ-14 症例2：リトルリーグ肩

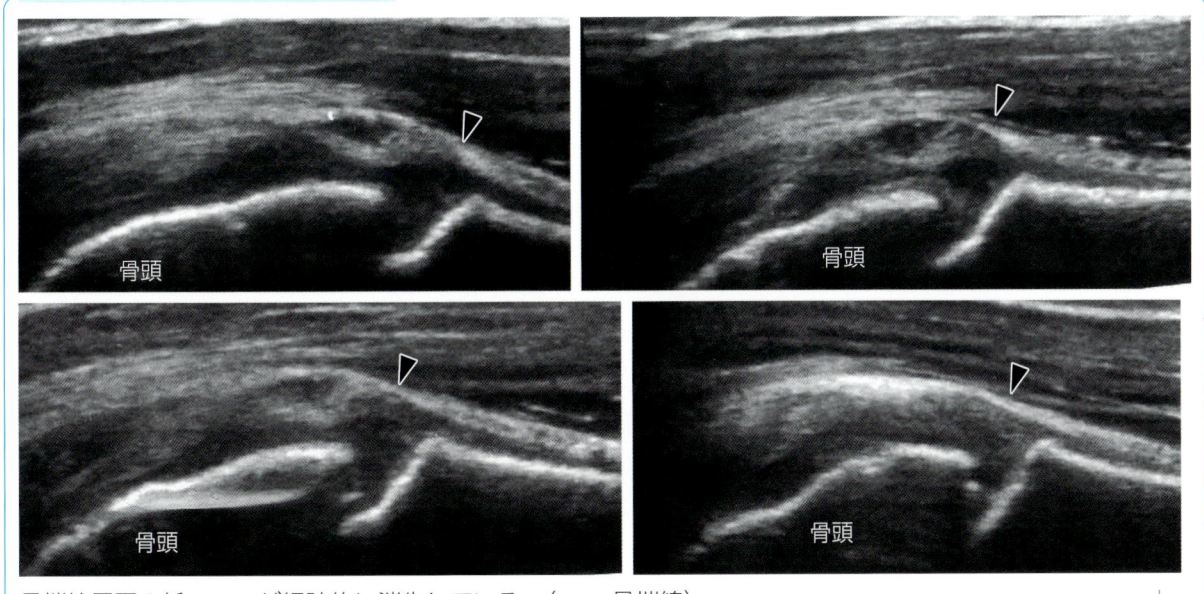

骨端線周囲の低エコーが経時的に消失している．（◄：骨端線）

a	b
c	d

素振りを許可した（図Ⅱ-14-c）．この時点で痛みや不安感が生じなければ投球数は50球，スウィングは100回以下で塁間キャッチボール，遅い球でのフリーバッティングを開始する．超音波像で低エコー領域が消失し（図Ⅱ-14-d），抵抗テストが完全に陰性となる5～6週間で，野手の場合は通常の練習に復帰する．投球開始した時点から超音波検査が特に有用となる．もしも，抵抗テストが陽性で骨端線に低エコーが再出現する傾向があったらレベルダウンする．超音波画像を本人・家族に示しながら練習内容をアドバイスすると納得が得られる説明を行える．

腱板損傷

腱板の表面エコーの変化（下方凸），内部エコーの変化（低エコー領域），骨頭表面の不整をとらえる．

投球により障害を受けやすい腱板の部位は，腱板疎部周辺（上腕二頭筋長頭腱関節内への入口部）の肩甲下筋，棘上筋腱，棘上筋腱中央部，上腕骨後上方に存在する notch 直上の棘上筋-棘下筋の交差する腱板，Bennett 骨棘に近接する棘下筋，小円筋などである．

a）棘上筋腱断裂（図Ⅱ-15）

腱板の表面エコーと内部エコーの変化に注意しながら検査する．表面エコーが下方凸か平坦になっている場合は完全断裂の存在を（図Ⅱ-15-a, b），内部エコーにおいて関節包面に限局した低エコーが存在する部位は関節面断裂の存在を（図Ⅱ-15-c），境界エコーが不整で直下の内部エコーが低エコーになっていない症例は滑液包面断裂を示唆する（図Ⅱ-15-d）．腱内に限局した低エコーは腱内断裂を疑う（図Ⅱ-15-e）．また，超音波像で異常が存在した部位をプローブで圧迫し限局した圧痛を認めたら（PC test），臨床的に同部が疼痛に関与していることが多い[Ⅱ-3]．投球障害肩などでは関節面断裂がほとんどである．このような症例では関節包面の低エコーと腱板炎に伴う腫脹を認める．

> **プラスαの知識** 完全断裂の診断基準を境界エコー（表層エコーライン），内部エコー，実質の厚み，骨頭表面の不整像とした場合，sensitivity：100%，specificity：93.4%，accuracy：93.1%となった．

b）肩甲下筋腱断裂，損傷（図Ⅱ-16）

上腕骨を外旋させて健側と厚み形態を比較する．大きく断裂している症例では，健側と比べ腱が菲薄化する．しかし，投球障害では頭側関節包面に低エコーを呈し肥厚している症例が多い．

c）棘下筋萎縮（図Ⅱ-17）

投球障害で出現しやすい．棘下筋筋腹の厚みを左右比較すると同時に，経時的に観察する．腱の損傷か神経由来の萎縮かを鑑別するために，頚椎症（キーガンタイプ），胸郭出口症候群，neuralgic amyotrophy，ガングリオンによる肩甲上神経麻痺などを念頭に置いて診察する．

図Ⅱ-15 腱板（棘上筋腱）完全断裂像

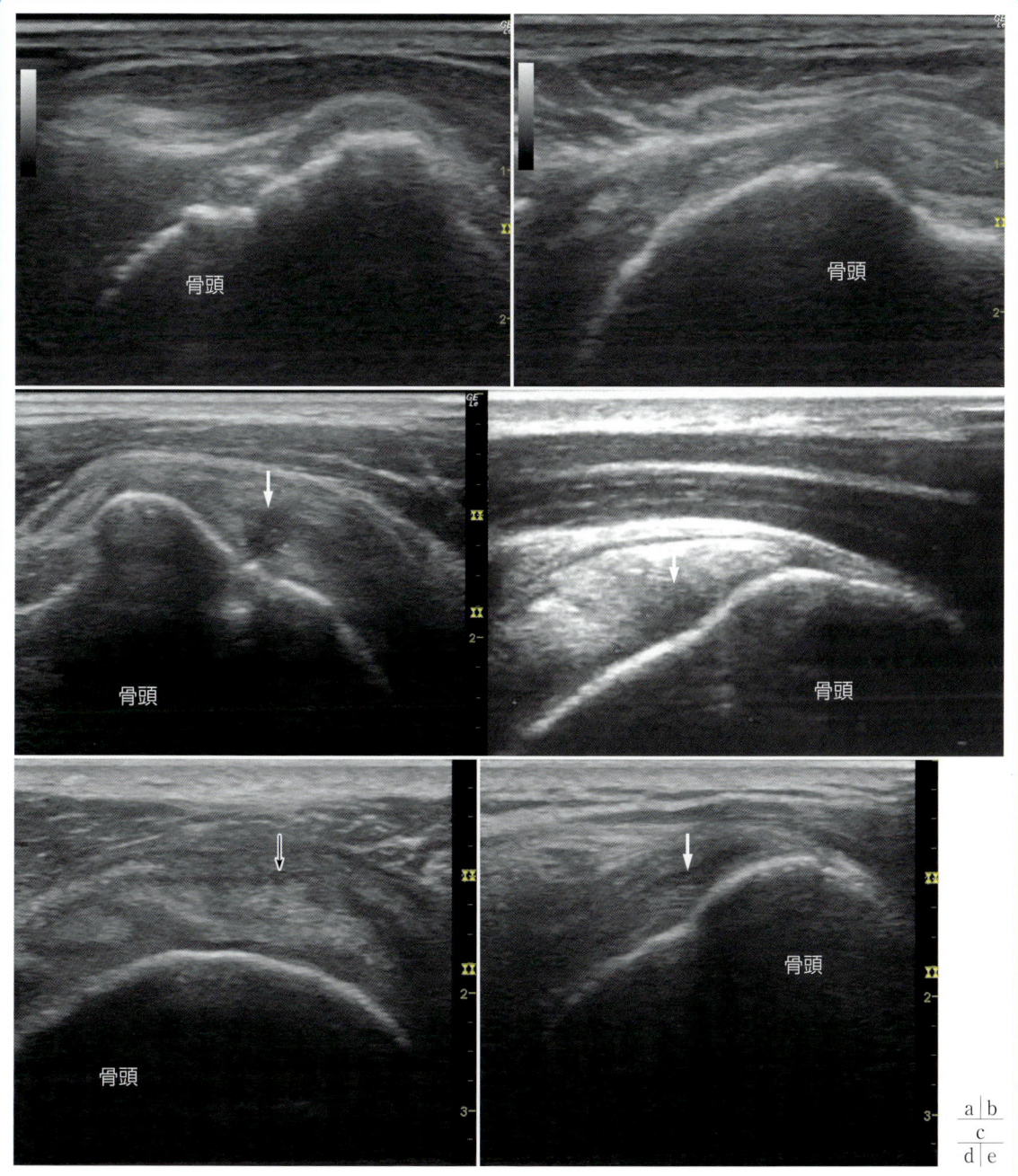

a：長軸像　b：短軸像　c：関節面断裂　d：滑液包面断裂　e：腱内断裂
太矢印：低エコー，細矢印：境界エコーの不整

図Ⅱ-16　肩甲下筋腱断裂

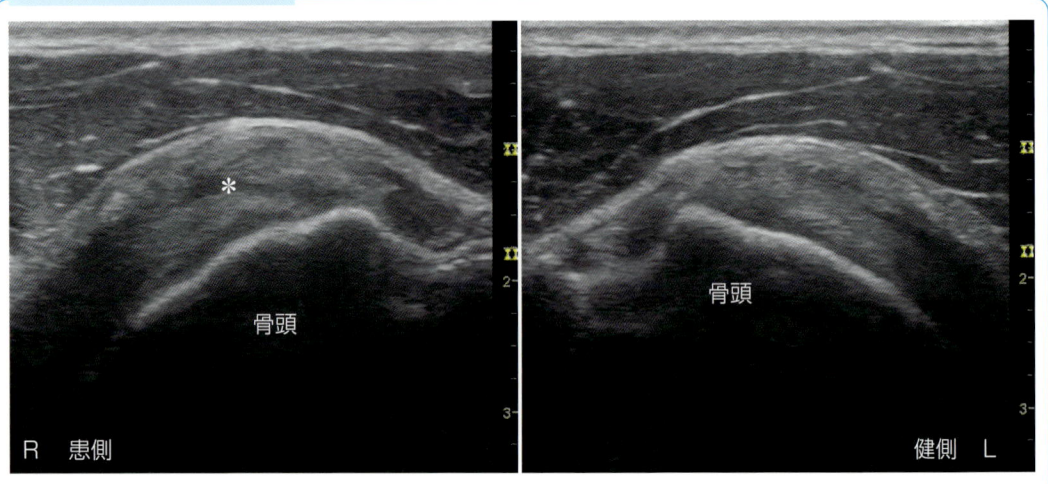

Hidden lesion：腱内に表面から観察できない断裂部の低エコー（＊）を認める．

◆**症例3**　プロ野球ピッチャー（図Ⅱ-17）

　投球練習中，球の押さえが利かなくなったとの訴えで初診．棘下筋筋力が低下している以外，異常所見なし．棘下筋萎縮が出現することと，筋力がある程度回復するまで投球制限をした．萎縮は2週間で出現し棘下筋筋力は4となったが，少しずつ投球再開させ2か月で復帰できた．

テクニックノート

　骨頭表面エコーが鮮明になるようにプローブを保持して検索すると，自然に腱板も鮮明に描出される．病巣と思われたらプローブで圧迫し痛みの再現性を確認する（PCテスト）．術後経過を確認する場合は，ドプラーも用いて検索すると血管が描出されやすい．

腱板機能の評価：腱板機能は上方からプローブを当て，骨頭を下方へ牽引し，上肢を離したときの骨頭の挙動により調べる．腱板機能が低下している症例では，下方ストレスを除去しても骨頭は下方に軽度転位したままの状態である．しかし，腱板機能が良好な症例では即座に関節窩の中心に復帰する．腱板訓練の前後で画像を患者本人に見せることにより，患者のリハビリテーションに対するモチベーションを高めることができる．

図Ⅱ-17　症例3：棘下筋萎縮

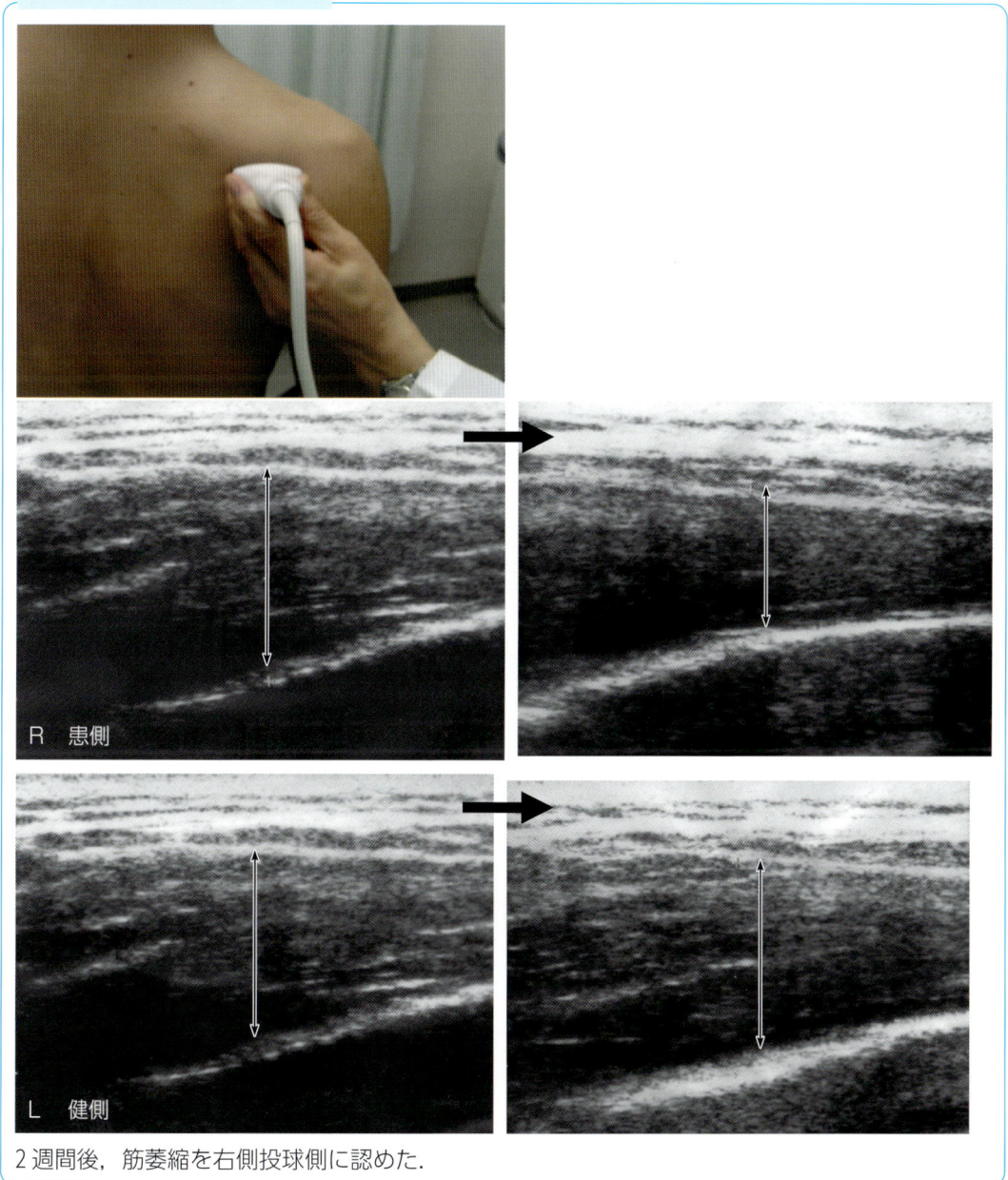

2週間後，筋萎縮を右側投球側に認めた．

Check❷ 反復性肩関節脱臼，外傷性肩関節前方不安定症で認められる病態確認（図Ⅱ-18，図Ⅱ-19）

外傷性肩関節前方脱臼には，有名なBankart病変とHill-Sachs lesionを伴う症例が多いが，その主病変がBankart病変のみならず，骨頭側関節包の損傷（HAGL lesion），関節唇が肩甲骨頸部の骨膜と連続性を保ちながらsleeve上に関節窩内側に転位した損傷（ALPSA lesion），剥離した関節唇に関節窩縁の小骨片が存在する損傷（bony Bankart lesion），関節包や前下関節上腕靱帯（AIGHL）実質の損傷（midsubstance tear）など，関節鏡の発達に伴い種々の損傷形態が報告されている．このように，外傷性前方脱臼は前下関節上腕靱帯複合体（AIGHLC）の種々の損傷による機能不全により発症する．

図Ⅱ-18 脱臼による損傷

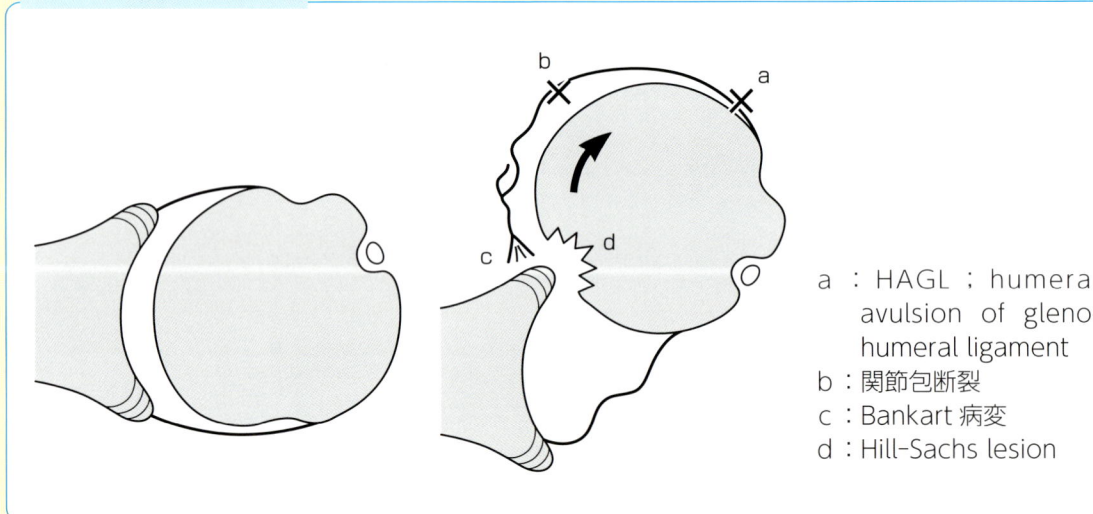

a：HAGL；humeral avulsion of glenohumeral ligament
b：関節包断裂
c：Bankart病変
d：Hill-Sachs lesion

図Ⅱ-19 Bankart病変とALPSA病変

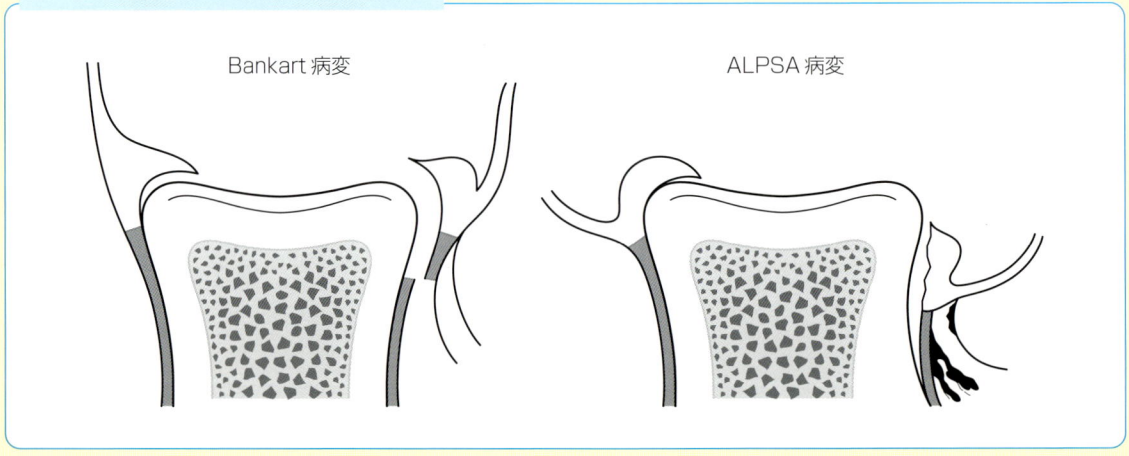

関節唇損傷[II-2)〜6)]

肩峰，鎖骨間隙から上方関節唇を，腋窩から下方関節唇，後方から後方関節唇を観察する．剥離，断裂が描出される．

a) 前下方関節唇損傷，反復性肩関節脱臼，亜脱臼（図II-20，図II-21，図II-22）

肩関節外転位で，大胸筋，肩甲下筋を上方へ移動させ，腋窩から観察する．プローブの位置と方向は，大胸筋の背側に上腕骨の長軸と一致する方向に固定した場合に，4時の前下方関節

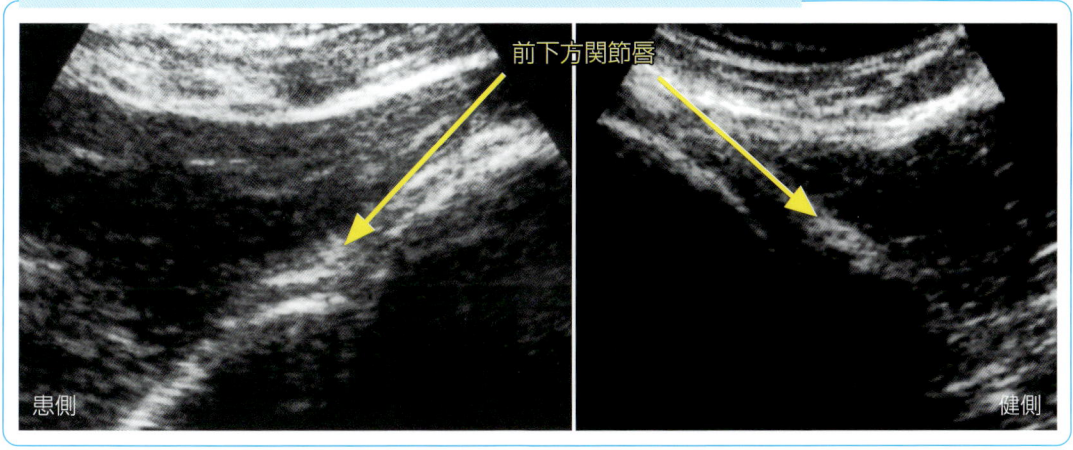

図II-20　前下方関節唇損傷，detached type, classical Bankart 病変

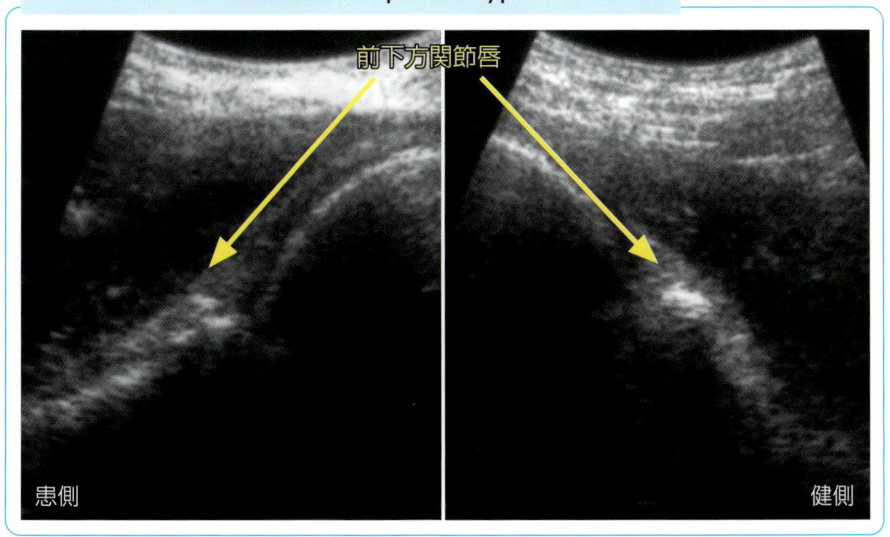

図II-21　前下方関節唇損傷，displaced type, ALPSA 病変

図Ⅱ-22　HAGL病変（humeral avulsion glenohumeral ligament）

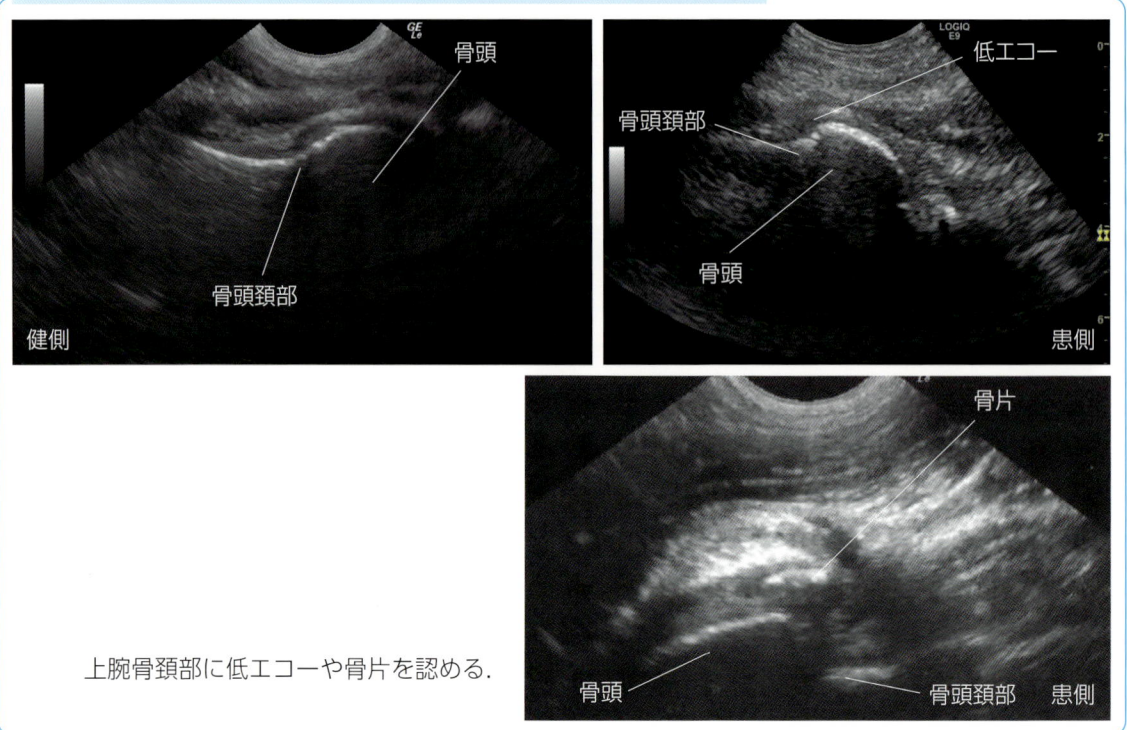

上腕骨頚部に低エコーや骨片を認める．

唇を最も明瞭に撮像することが可能である．臨床的に骨性 Bankart 病変は関節窩縁の不整として，関節唇剥離は骨性関節窩と関節唇の間に低エコーラインとして確認できる（detached type）（図Ⅱ-20）．ALPSA 病変（anterior labroligamentous periosteal sleeve avulsion）は，関節窩縁から下方に接着している関節唇（displaced type）（図Ⅱ-21）を HAGL 病変（humeral avulsion glenohumeral ligament）[Ⅱ-7]は骨頭頚部の関節包付着部の低エコーをとらえる（図Ⅱ-22）．

テクニックノート

　前下方関節唇は，腋窩にまずプローブを上腕骨軸に一致する長軸で当て，骨頭頚部をとらえる．そこで HAGL の有無を確認し，少しずつ骨頭を描出しながら肩甲骨関節窩縁にプローブを移動させると，関節包に連続する前下方関節唇や関節窩縁が出現する．頚部付着部の関節包欠損は HAGL 病変を，骨頭部の関節包の不連続や欠損は関節包断裂を疑う．

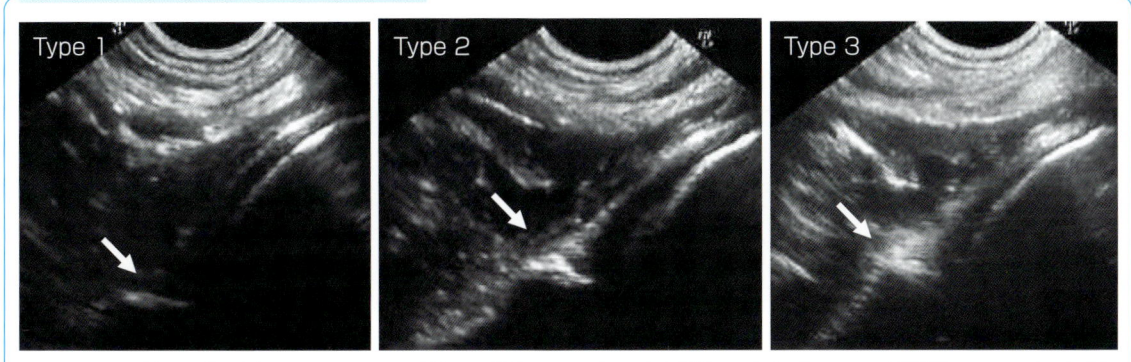

図Ⅱ-23　反復性脱臼術後の超音波像

Type 1：関節唇が不鮮明，type 2：関節唇が鮮明かつ肩甲骨頚部の骨表面エコーが明瞭，type 3：肩甲骨頚部の骨表面エコーが不明瞭

b）鏡視下 Bankart 修復術後の超音波像（図Ⅱ-23）

　　反復性肩関節脱臼の手術療法の一つに鏡視下 Bankart 修復術がある．前方関節唇，関節包複合体を鏡視下に修復する方法であるが，組織がいつ頃安定して肩甲骨頚部に再接着するのか具体的な報告はない．我々は鏡視下 Bankart 修復術を行った症例の超音波像の経時的変化をとらえ，術後の修復状態を観察した．

　術後の超音波像は，
　　　Type 1：関節唇像が鮮明でなく，関節周囲に低エコーが存在する
　　　Type 2：関節唇の形態は把握できるが接着している頚部面と関節唇との境界エコーは正常に比べ明瞭
　　　Type 3：頚部面のエコーは目立たなくなり関節唇との境界が不明瞭
の 3 タイプに分類された．

　術前，術後 1 か月，2 か月，3 か月に検査した結果，術後 1 か月では type 1 が多く，術後 2 か月では type 2 が，術後 3 か月以後で type 3 が多くなる傾向があった．このような超音波像の経時的変化は修復した関節唇の肩甲骨頚部への接着状況を示しており，超音波画像上正常像では関節唇と頚部の境界が明瞭でないことから，術後 3 か月以上で，画像上，関節唇は正常に近いかたちで肩甲骨に再接着することが示唆された．

図II-24 症例4：反復性脱臼

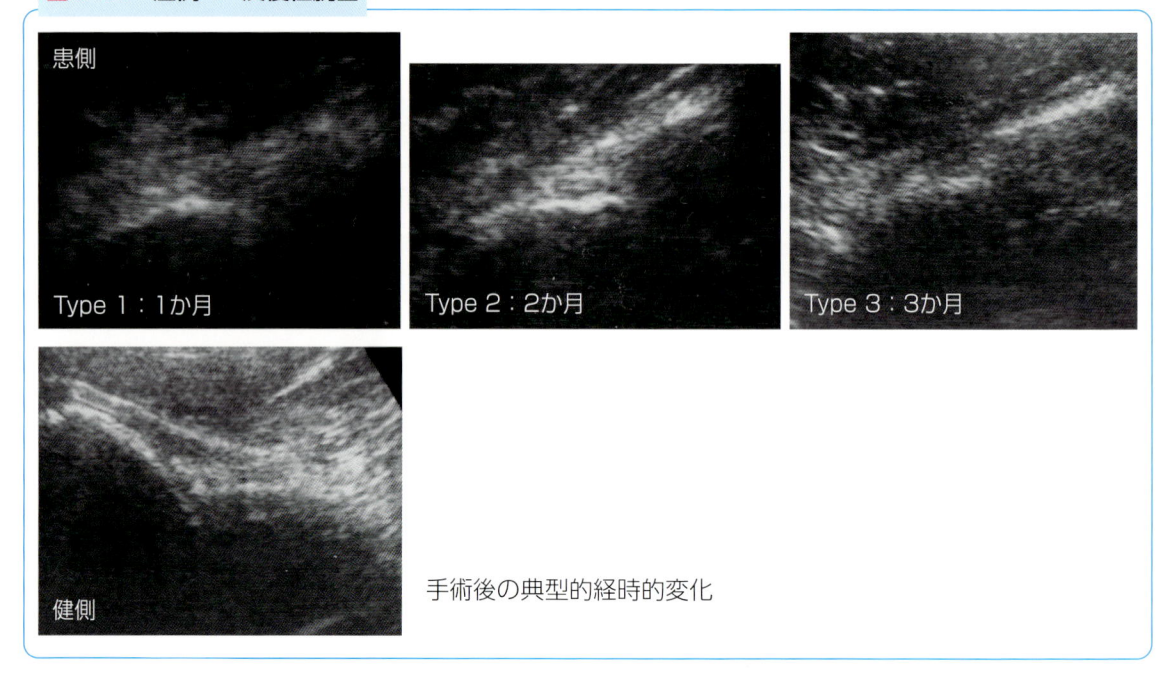

患側
Type 1：1か月
Type 2：2か月
Type 3：3か月
健側

手術後の典型的経時的変化

図II-25 前上方の関節唇検査時のプローブポジション

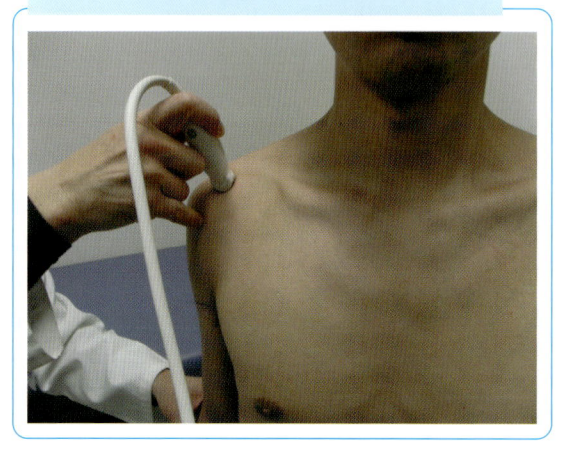

図II-26 前上方部損傷

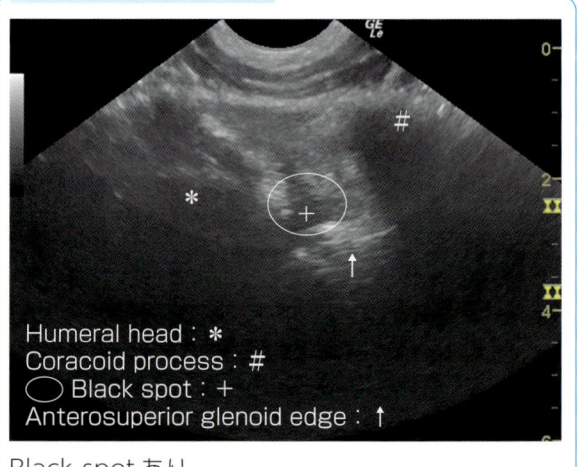

Humeral head：*
Coracoid process：#
Black spot：+
Anterosuperior glenoid edge：↑

Black spot あり

◆症例4　16歳，男性．野球野手（図II-24）
　　　非投球側の亜脱臼にて初診．超音波像上HAGL病変はなく，前下方関節唇にdetached typeのBankart病変を認めた．経過観察してもこの超音波像に変化なく脱臼不安定感も強いために手術を施行した．術後1か月で関節唇はtype 1からtype 2へと変化した．Type 2になった時点でランニング，ダンベルなどを用いた筋力トレーニングを開始した．Type 3となった術後3か月以降から次第に実戦的なトレーニングに入り，4か月で野手復帰となった．

図Ⅱ-27　前上方部損傷

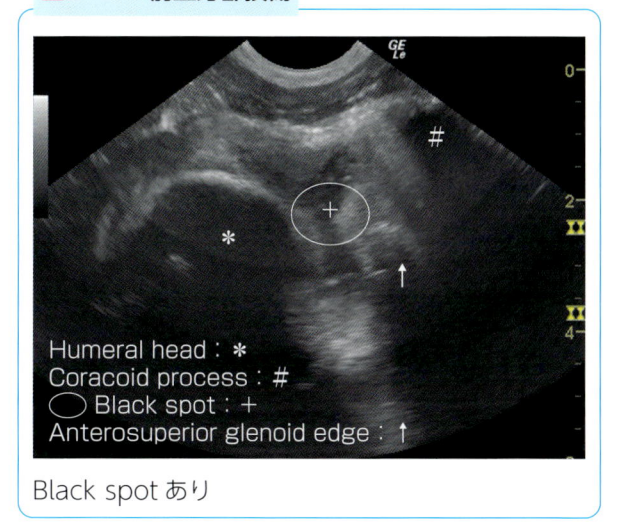

Humeral head：＊
Coracoid process：#
○ Black spot：＋
Anterosuperior glenoid edge：↑

Black spot あり

図Ⅱ-28　前上方部損傷（−）

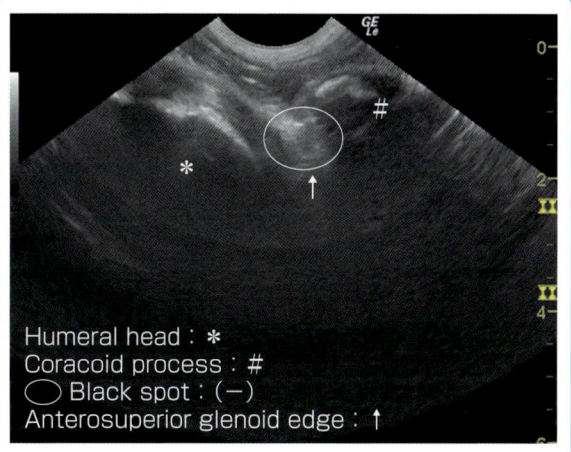

Humeral head：＊
Coracoid process：#
○ Black spot：（−）
Anterosuperior glenoid edge：↑

Black spot なし

c）前上方部損傷（anterosuperior corner injury）（図Ⅱ-25，図Ⅱ-26，図Ⅱ-27，図Ⅱ-28）

　投球障害肩において前上方関節唇，関節包の弛緩が重要な発症要因であり，同部の画像診断は治療方針を決定するうえで非常に重要である．上腕内外旋動態観察で烏口突起基部に低エコー像（以下，black spot）が出現する．

プラスαの知識

　投球障害肩にて手術した症例 19 例 19 肩関節を対象とし，術前に 9MHz マイクロコンベックスのプローブを用いて，烏口突起をメルクマールに腱板疎部を長軸像にて前上方関節窩が描出される位置にて関節唇，関節包を観察した．その際に上腕骨を下垂位内外旋し，その動態を左右比較検討した．

　術前の超音波検査では，19 例中 18 例で患側の烏口突起基部に上腕下垂位で内外旋運動にて black spot が出現したが，19 例中 18 例では健側には明らかな black spot は出現しなかった．関節鏡による関節内の観察により全例 MGHL を中心に弛緩し，腱板疎部が開大し，その周囲に滑膜増生などの炎症所見を認めた．術後の超音波検査ではこのような低エコー像は消失していた．上腕内外旋動態観察で烏口突起基部に出現する black spot は，腱板疎部の拡大により生じる周辺組織の弛緩状態や滑膜増生などの炎症所見と考えられる[Ⅱ-8]．

図Ⅱ-29 症例5：Black spot 症例

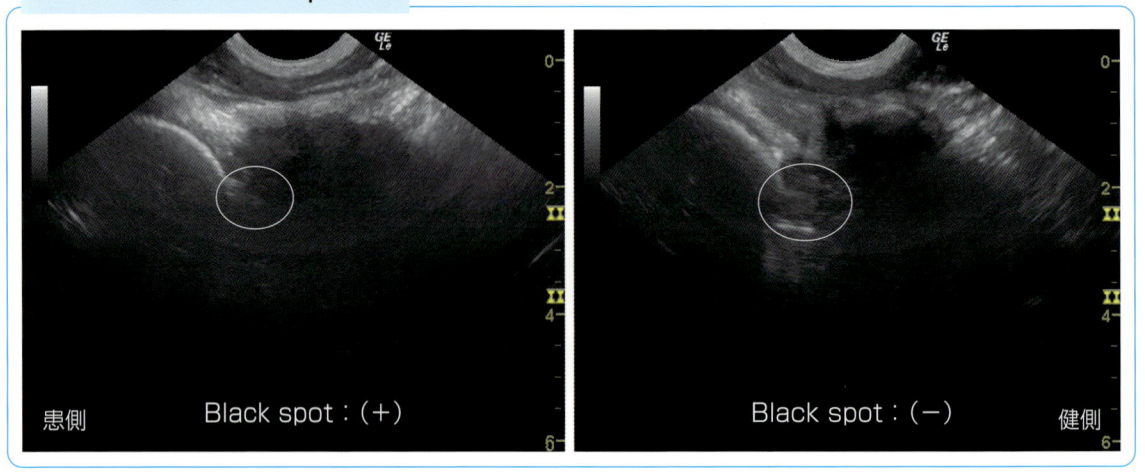

患側　Black spot：（＋）　　　健側　Black spot：（－）

図Ⅱ-30 Snyder 分類

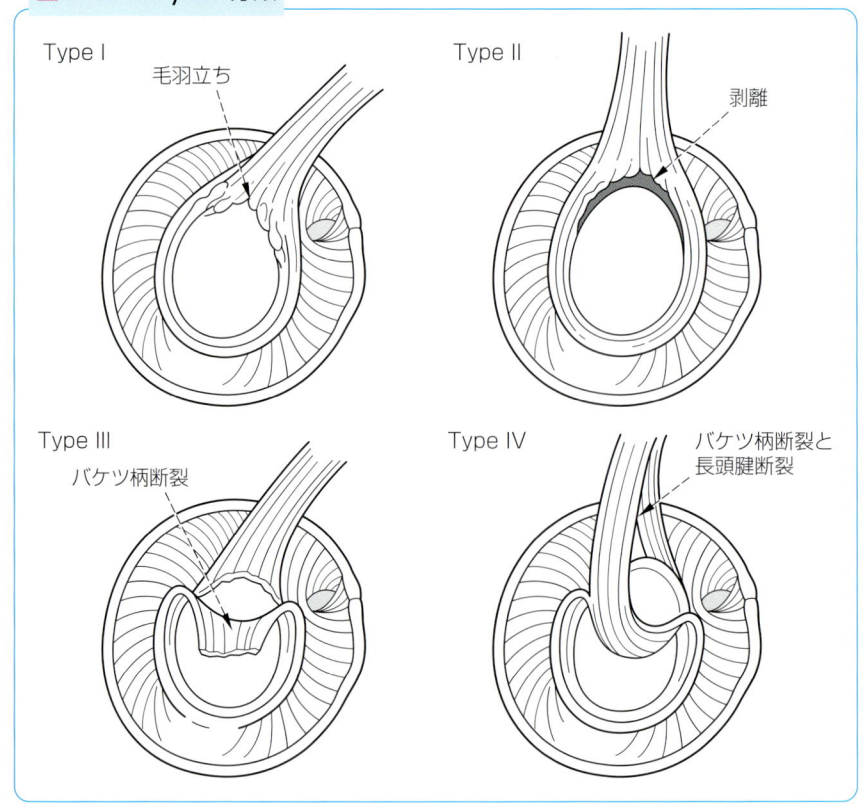

Type I　毛羽立ち
Type II　剥離
Type III　バケツ柄断裂
Type IV　バケツ柄断裂と長頭腱断裂

◆**症例5**　19歳，男性．ピッチャー（図Ⅱ-29）
　腰を痛めてからの投球練習で前上方部に痛みとつまり感が出現．全力投球できなくなったため来院．初診で前上方に black spot を認めた．投球制限2週間と腰痛コントロール，投球フォームのチェックで体の開きを矯正し，約1か月で投球再開できた．

図Ⅱ-31　正常上方関節唇像

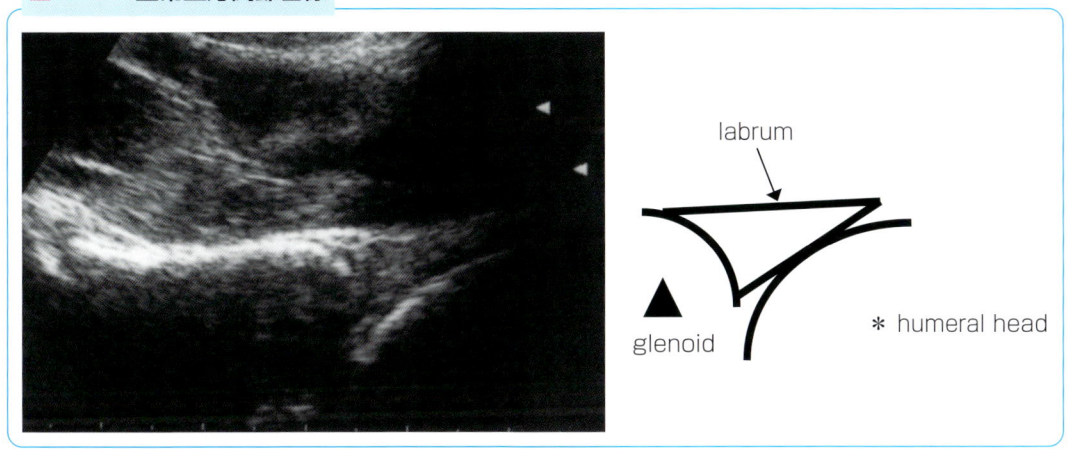

labrum
glenoid
＊ humeral head

図Ⅱ-32　関節唇の剥離像

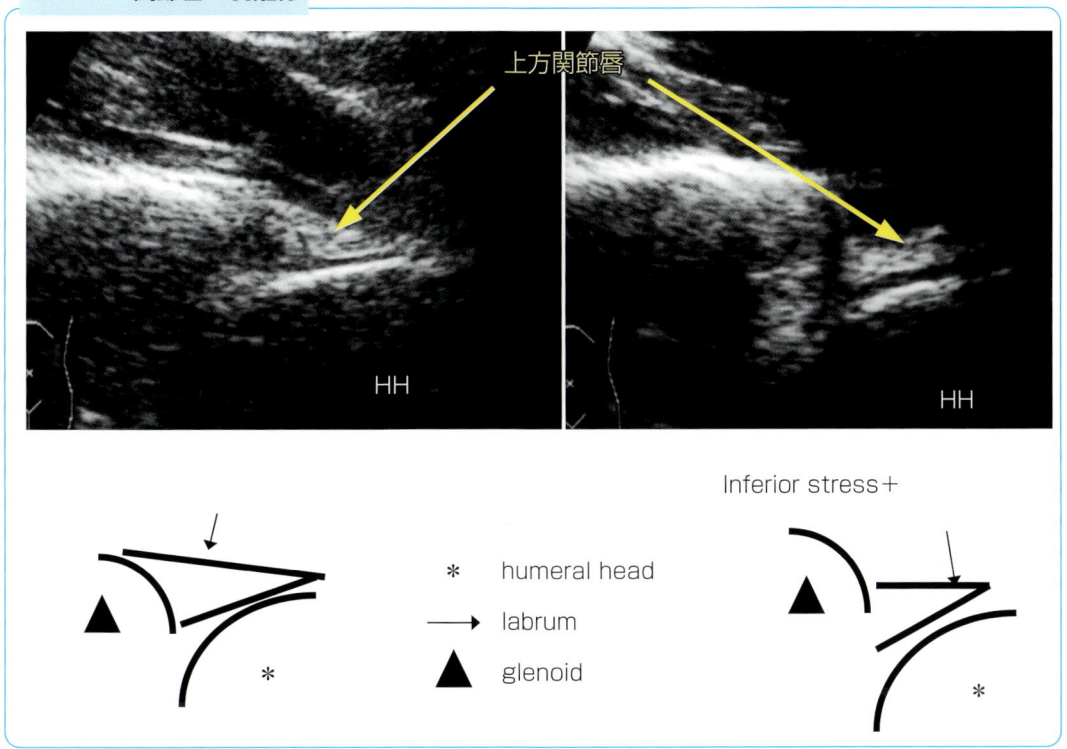

上方関節唇

HH　　HH

Inferior stress＋

＊ humeral head
→ labrum
▲ glenoid

d）上方関節唇損傷（図Ⅱ-30，図Ⅱ-31，図Ⅱ-32，図Ⅱ-33，図Ⅱ-34）

　患者を座位とし，肩峰鎖骨間隙にプローブを固定し，11時の位置における上方関節唇を骨頭を引き下げたり突き上げたり，外転外旋して観察する．関節唇損傷を認めない症例では下方ストレスにおいて関節唇の形態は保たれ，肩関節外転外旋運動により関節唇が関節面に平行（約90°）supraglenoid tubercle を中心に回転し，関節面より近位に移動することはない．Snyder分類[Ⅱ-9]でSLAP type Ⅲ，Ⅳでは上方関節唇が下方ストレスにより関節窩から転位移動すること

これでわかる！ スポーツ損傷超音波診断 肩・肘＋α

図Ⅱ-33 動態検査の実際とその像

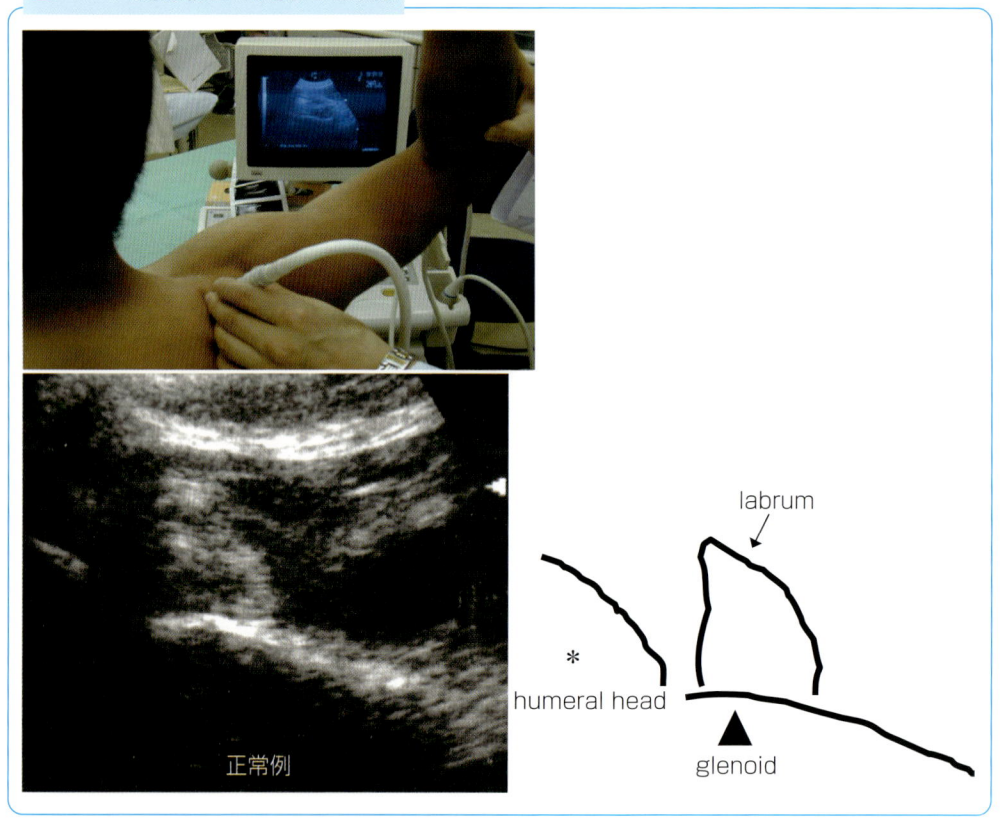

図Ⅱ-34 近位引き込み現象の超音波像

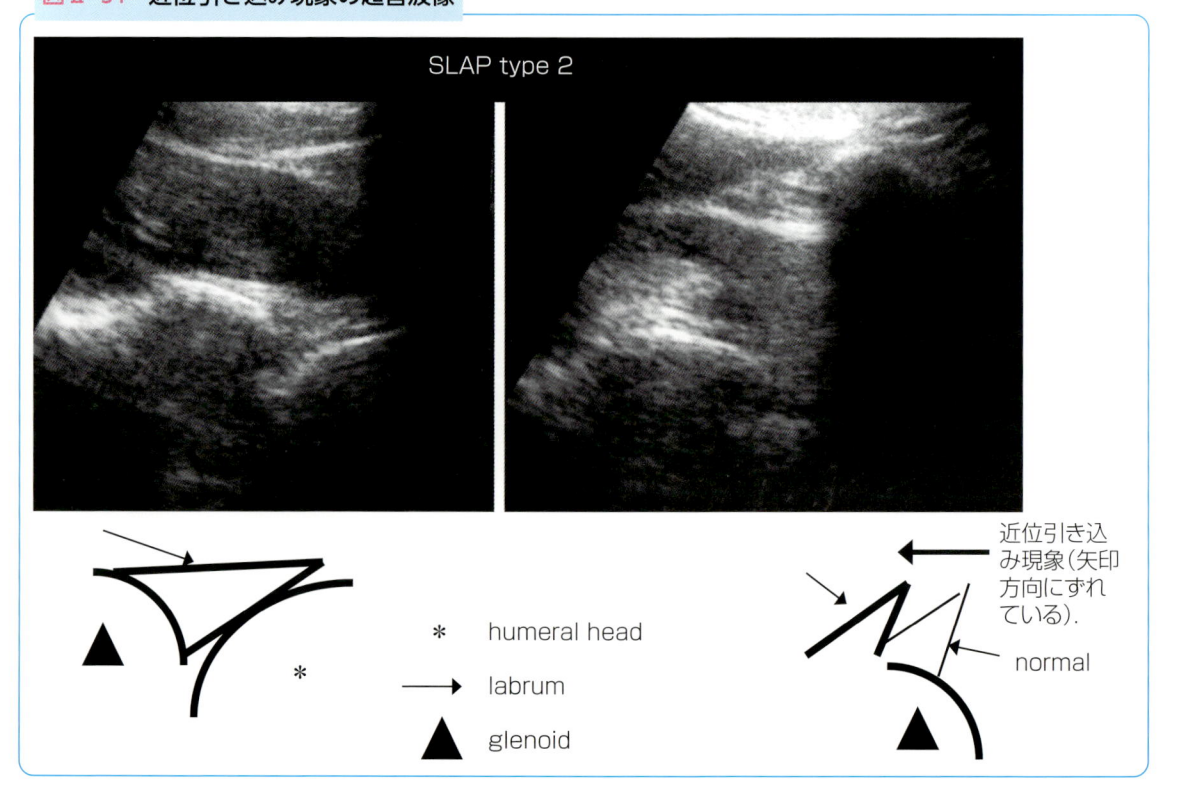

SLAP type 2

* humeral head
→ labrum
▲ glenoid

近位引き込み現象（矢印方向にずれている）.
normal

が確認される．SLAP type Ⅱ症例において肩関節外転外旋の動態検査により，関節唇が近位方向に引き込まれる所見（関節窩面よりも奥に移動する）が認められる（近位引き込み現象）．関節注射後に検査するとより明瞭に描出される．また，関節唇の形態が不鮮明な症例は関節面不全断裂を伴うinternal impingementの存在を疑う．

> **テクニックノート**
>
> 上方関節唇の観察には肩甲骨の位置が重要である．Wingingして下方回転した位置では超音波ビームが前方に逃げてしまい，鮮明な画像が得られない．しっかりと胸をそらせ，肩甲骨を垂直にした位置で検査すると良い．

◆症例6　18歳，男性．ピッチャー（図Ⅱ-35）

投球時痛あるも無理して試合で投げて，ついに挙上時も痛みが出現したため来院した．上方関節唇から上腕骨頭が下方ストレスで容易に離れ，関節唇自体に断裂を示唆する低エコーラインを認め，SLAP type 3または4と診断した．投球を禁止しリハビリテーションにて腱板機能向上と肩甲骨の位置矯正に努めた結果，2週間で超音波画像上，下方ストレスでも上腕骨頭が容易に引き下がらなくなった．この時点からシャドースローを開始し，痛みがなければネットスローなどの投球を開始する．関節唇の輪郭が比較的明瞭な場合はinternal impingementは増悪していないと判断し，投球レベルを次第に上げていく．

> **プラスαの知識**
>
> 下方動揺性による関節唇，上腕二頭筋長頭腱のたわみにより上方関節唇がSLAP type 3, 4のように下方転位しているように見えることがある．下方ストレスで関節唇実質が完全に不連続になるか否かが鑑別点である．超音波画像上の近位引き込み現象は一次性（真のtype 2）と二次性がある．肩甲骨，上腕骨頭の位置異常により上腕二頭筋長頭腱の牽引方向が肩甲骨内方へ向いている場合，type 2の所見となる場合がある．

e）後方関節唇損傷（図Ⅱ-36）

後方の8時から11時まではプローブを後方から肩甲棘に平行に当てると，明瞭に描出可能である．三角形の形態が不鮮明であったり，エコー輝度が均一でない場合や関節窩縁との間に低エコーが存在する場合に損傷している症例が多い．

図Ⅱ-35 症例6：上方関節唇損傷

ストレスなし
上方関節唇
＊

初診
下方ストレスあり
上方関節唇
＊

2週
下方ストレスあり
上方関節唇
＊

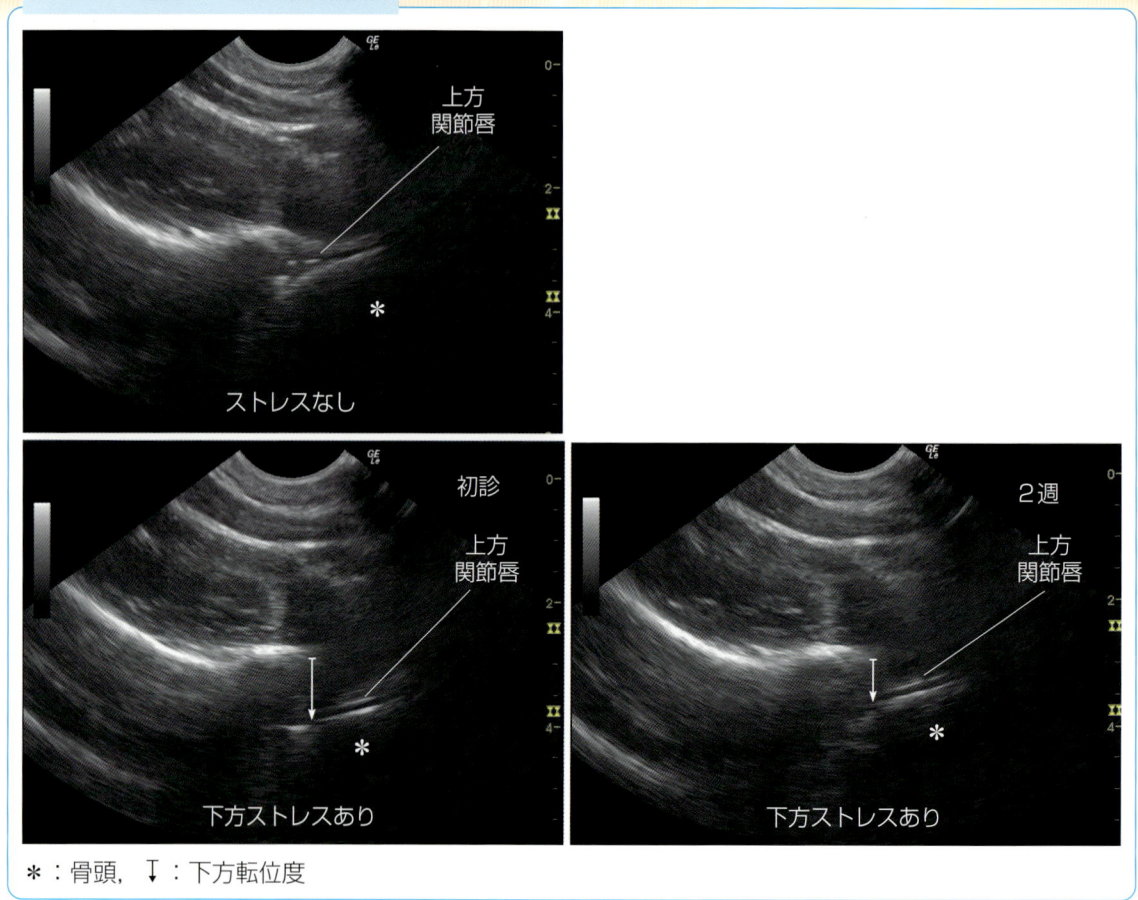

＊：骨頭，↓：下方転位度

図Ⅱ-36 後方関節唇損傷

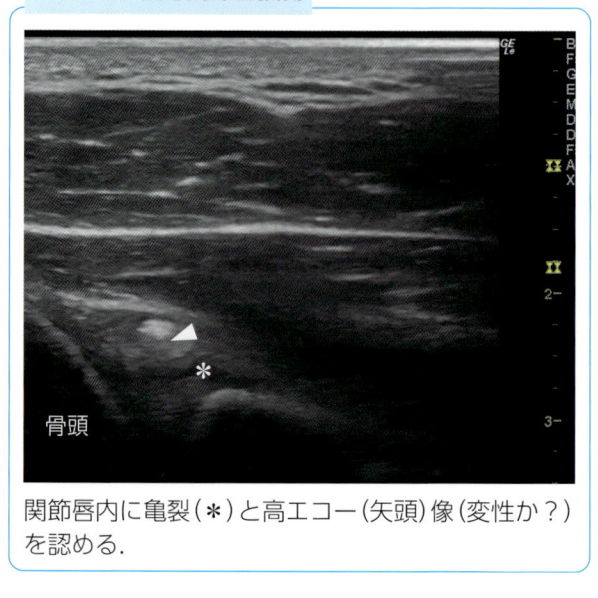

骨頭
＊

関節唇内に亀裂（＊）と高エコー（矢頭）像（変性か？）を認める．

ガングリオンによる肩甲上神経麻痺(図Ⅱ-37)

肩峰上切痕周囲のガングリオンや paralabral cyst を，後方や上方アプローチから画像診断できる．超音波下穿刺で治療する場合がある．棘下筋，棘上筋萎縮の計測を経時的に行う．

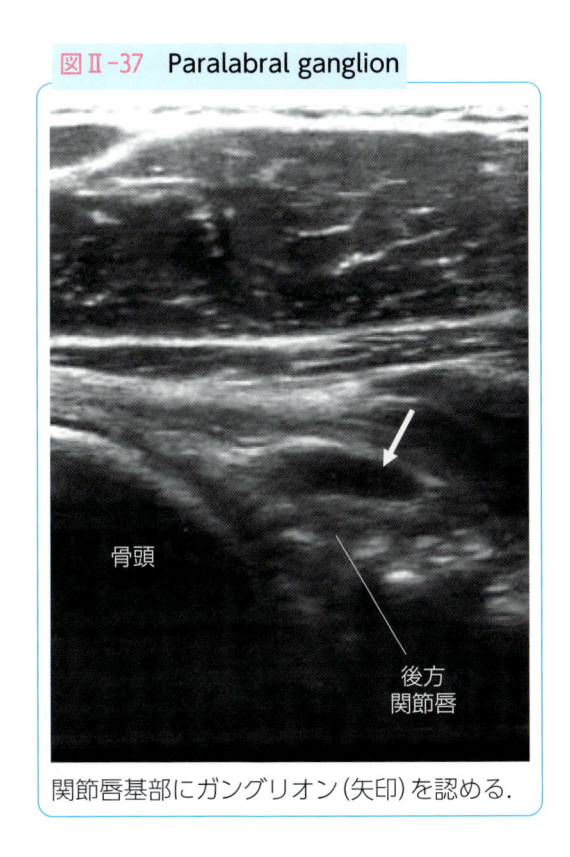

図Ⅱ-37 **Paralabral ganglion**

関節唇基部にガングリオン(矢印)を認める．

骨頭 notch，Hill-Sachs 損傷（図Ⅱ-38）

投球障害症例の骨頭の後上方に notch を形成している症例が多くみられる．超音波像では骨頭表面エコーの不整として観察できる．超音波上，同部に圧痛を認める症例では，notch 直上の腱板が低エコーとなっている症例が多い．Hill-Sachs 損傷は前方脱臼，亜脱臼肩でみられる骨頭後上方の陥凹で大きさと深さを計測できる．また後方脱臼で認める reverse Hill-Sachs 損傷も結節間溝内側に認められる．

◆**症例 7**　17 歳，男性．ピッチャー（図Ⅱ-38）

後上方に投球時痛出現したため初診．骨頭後上方に大きな notch を認め，その直上の腱板に低エコーを認めた．投球過多と hyperangulation が原因と考え，投球制限とフォームチェックを行った．1 か月で notch 直上の腱板の低エコーは著明でなくなり，投球時痛も軽減した．

図Ⅱ-38　症例 7：骨頭 notch，Hill-Sachs 損傷

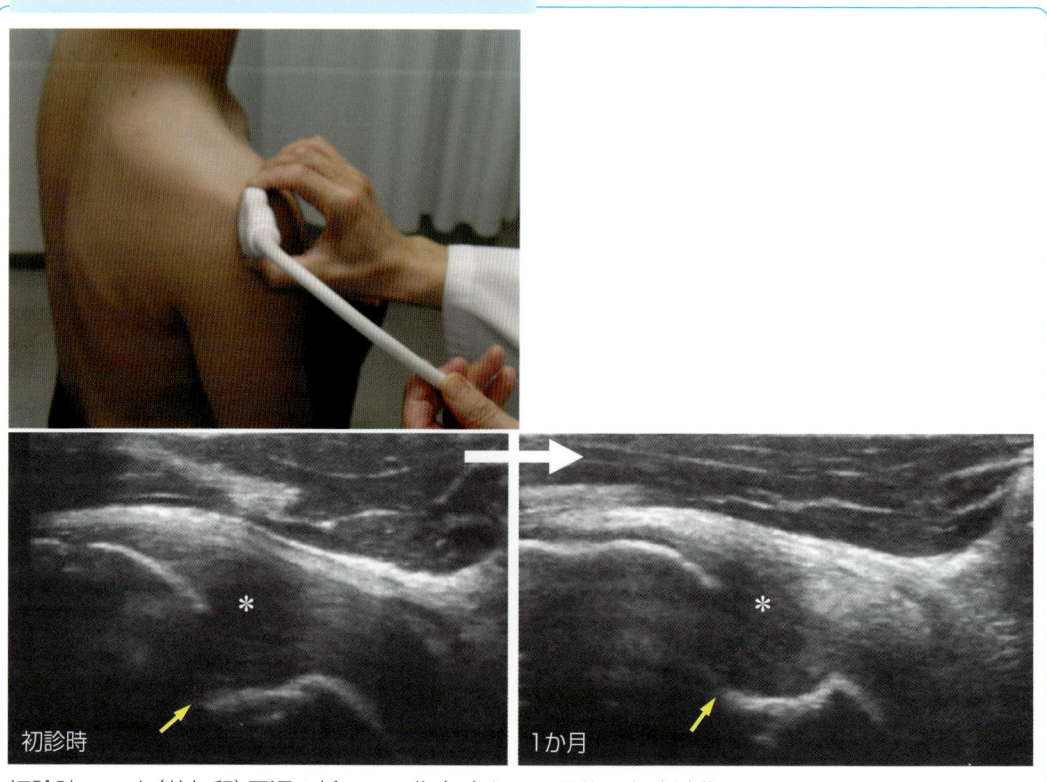

初診時 notch（黄矢印）周辺の低エコー像（＊）と 1 か月後の超音波像

肩鎖関節損傷，鎖骨遠位端骨折(図Ⅱ-39)

　肩鎖関節上方から関節内の浮腫，鎖骨端の転位状況をみる．炎症が存在する症例では関節腫脹，関節内に effusion が存在する症例が多い．鎖骨の遠位端骨折を伴う場合には骨膜上の血腫を確認する．

◆症例 8　32 歳，男性．ラグビー選手(図Ⅱ-39)

　タックルされ転倒時に受傷した．肩鎖関節の亜脱臼に加え鎖骨遠位端に小骨片を伴う骨折を認めた．安静と，骨折に伴う痛みが 4 週近く続くことを説明し，納得を得た．

図Ⅱ-39　症例 8：肩鎖関節損傷

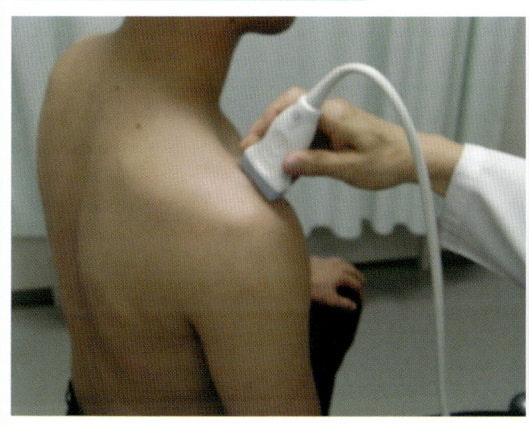

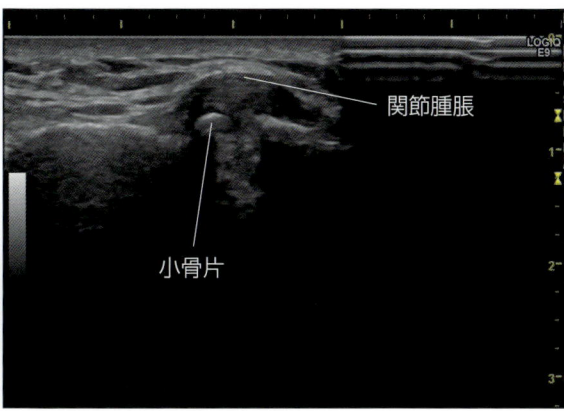

鎖骨遠位端に小骨片と肩鎖関節の腫脹を認める．

上腕二頭筋長頭腱炎，脱臼，断裂（図Ⅱ-40）

　長頭腱炎では主に短軸超音波像で腱周囲の低エコー領域を，脱臼では上腕を伸展外旋させて動態検査を行い，腱の結節間溝からの逸脱をとらえる．断裂は長軸像を注意深く観察して腱の不連続性を確認する．長頭腱や結節間溝に注射する際には前上腕回旋動脈の分枝が結節間溝に沿って上行するので，ドプラーで血管の局在を確認し，超音波下での穿刺注射が安全である（図Ⅱ-41）．

図Ⅱ-40　上腕二頭筋長頭腱炎

矢印：低エコー

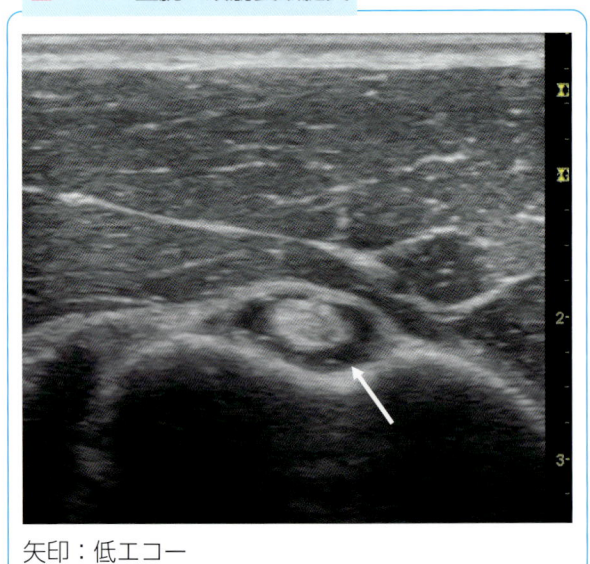

図Ⅱ-41　結節間溝周辺の血管像

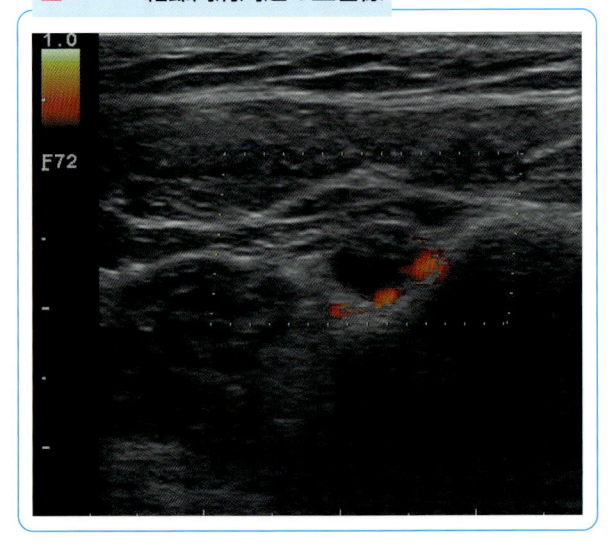

Pulley lesion, Hidden lesion[II-10] (図II-42)

　長頭腱が腱板断裂などにより結節間溝から逸脱したり肩甲下筋腱内に陥入する病態で，超音波画像では前記した腱板損傷の項の，a)棘上筋腱断裂，b)肩甲下筋腱断裂(p.22)の手技で診断する．

図II-42 Pulley lesion

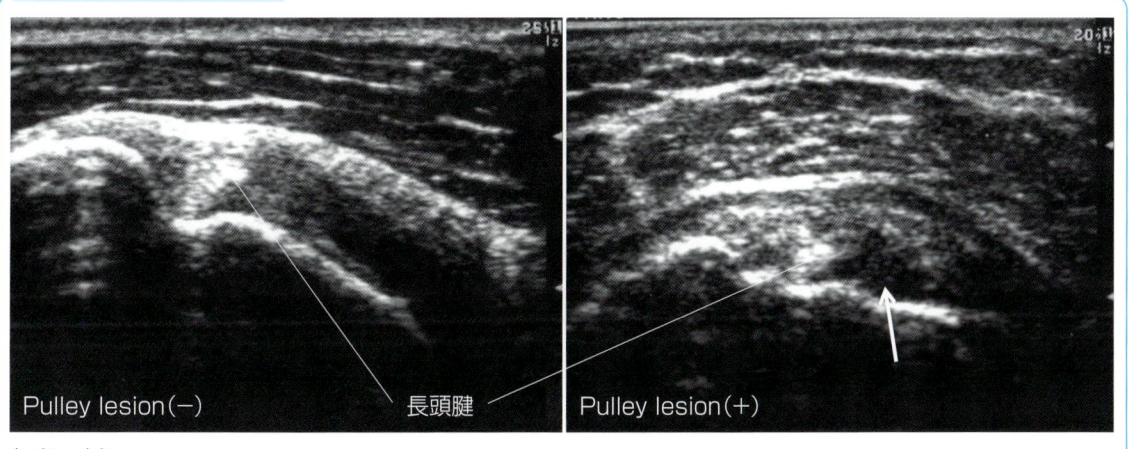

Pulley lesion(−)　長頭腱　Pulley lesion(+)

矢印：低エコー

Impingement 症候群，Swimmer's shoulder（図Ⅱ-43）

　肩峰と烏口肩峰靱帯により構成されている肩峰下面と肩峰下滑液包，腱板，上腕二頭筋長頭との間に生じる機械的ストレスにより発生するので，肩を外転しながら滑液包の肩峰下への滑動状況をみる．肩峰前方外側に骨棘を認め，腱板実質が腫脹していたり，不全断裂を伴う症例がある．また長頭腱周囲の低エコー像も高頻度に認める．

◆**症例9**　女性，大学水泳選手（図Ⅱ-43）
　大会前で練習量多く，肩痛出現．滑液包の腫脹を認めたため，練習量を減らすように指示した．2週間で滑液包が正常化し，痛みも軽減した．

> **テクニックノート**
>
> 　結節間溝内の長頭腱へのステロイドなどの注射は注意を要する．結節間溝に沿って前上腕回旋動脈の分枝が走行しており[Ⅱ-11]，ドプラーにて血管の局在を確かめて超音波下に注射するのが安全である．

図Ⅱ-43　症例9：Swimmer's shoulder

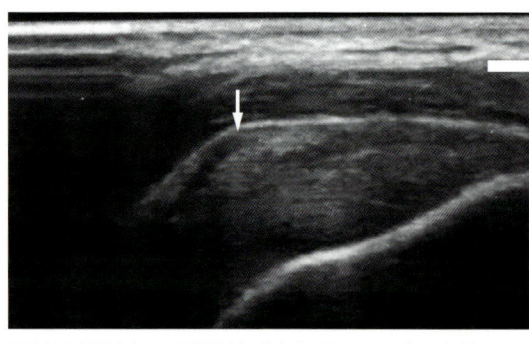

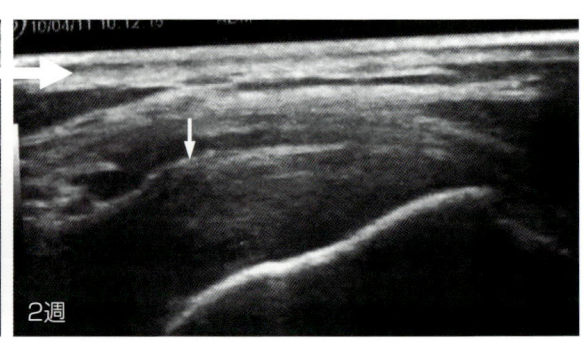

肩峰下滑液包の腫脹（矢印）を認めたが，安静リハビリで滑液包が正常化した．

Bennett 病変[II-12] (図II-44)

投球による後方関節包，三頭筋のストレスにより後下方関節窩に生じる骨棘で，すべてが有痛性では無い．

後方からの超音波像で骨棘の大きさや周囲の筋肉の浮腫を確認する．

後方関節包の付着部と三頭筋付着部に出現する骨性隆起だが，超音波では後方関節包付着部の骨性隆起を観察できる．有痛性 Bennett 病変は直上の棘下筋や小円筋が刺激されて低エコーを呈している症例が多い[II-10]（図II-45）（後方タイトネスの一要因）．また Bennett 骨棘のブロックテストの際には X 線などに頼らず，超音波下に少量の麻酔剤を注射し外来で簡便にテストが可能である．

プラスαの知識

Bennett 骨棘の成因は関節包や三頭筋長頭の牽引によるとされている．骨棘の部位は肩甲骨頚部深くまで存在し，その部位は主に三頭筋長頭の後方線維が付着していた．筆者はこの研究から，Bennett 骨棘の形成には三頭筋長頭が主に関与していると考えている（図II-46）[II-13]．

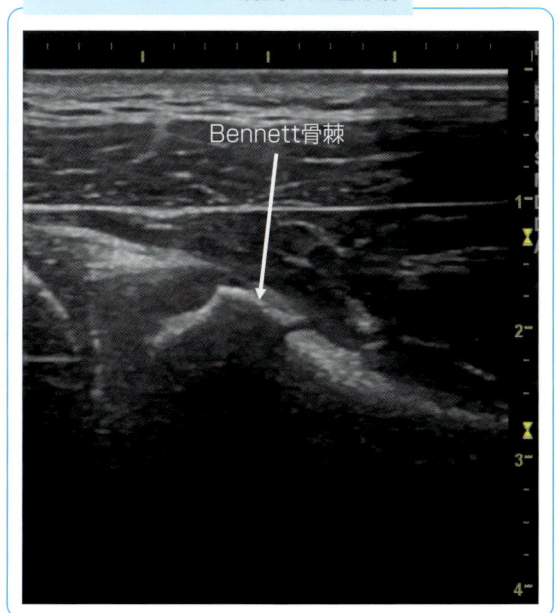

図II-44 Bennett 病変の超音波像

これでわかる！スポーツ損傷超音波診断　肩・肘+α

図Ⅱ-45　Bennett病変周辺の低エコー像

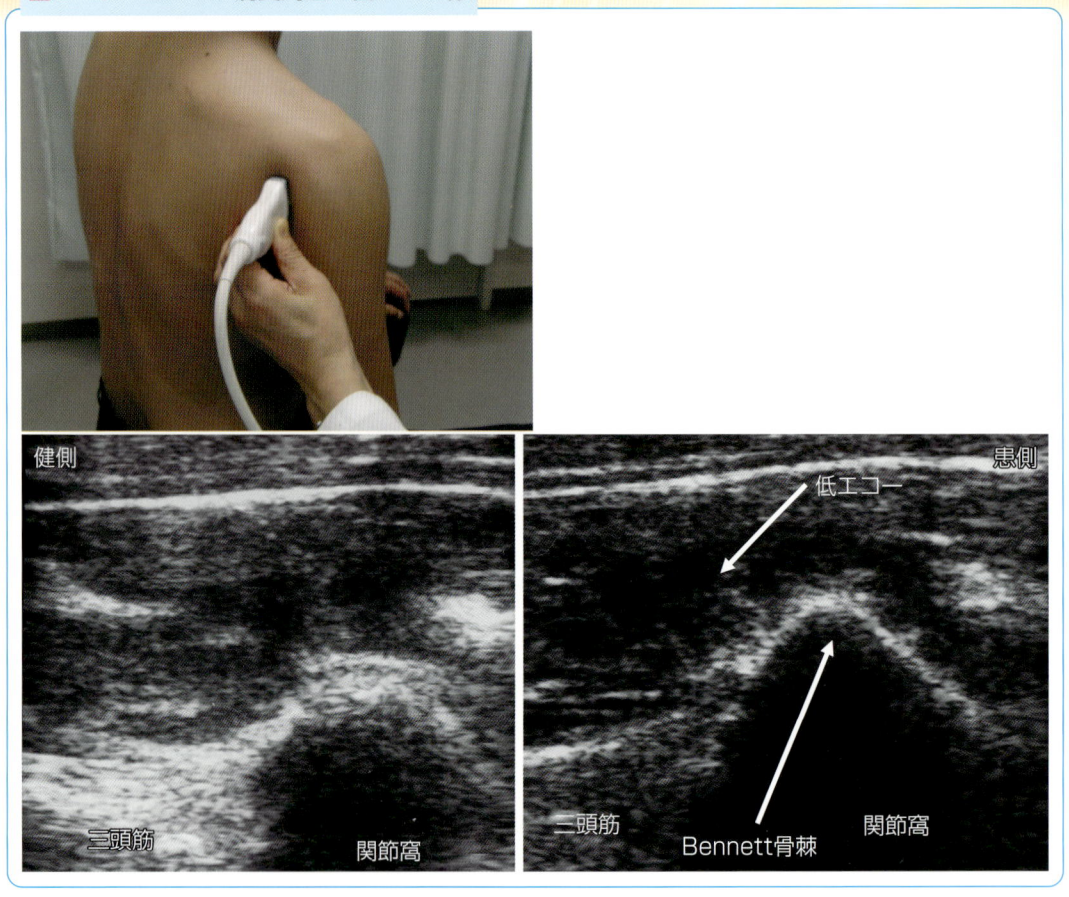

健側／患側　低エコー　三頭筋　関節窩　二頭筋　Bennett骨棘　関節窩

図Ⅱ-46　三頭筋長頭の肩甲骨起始部の組織像と関節包との関係

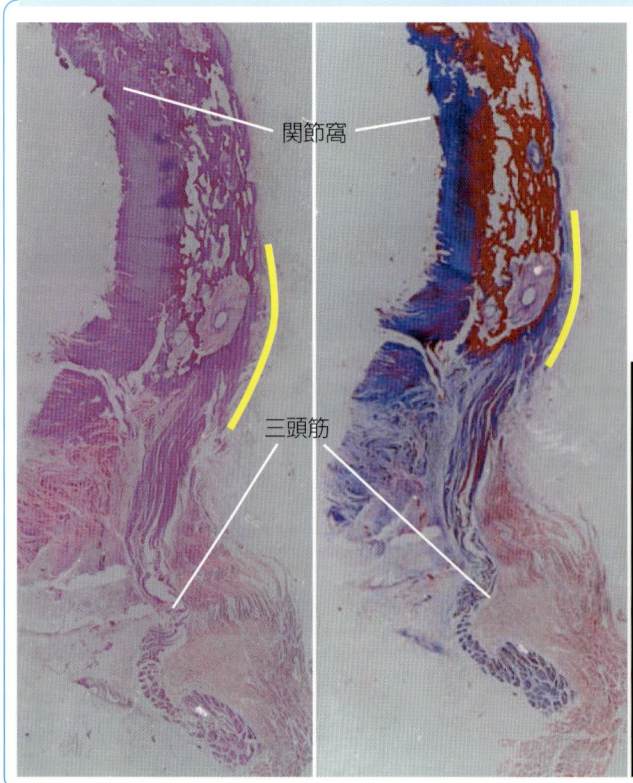

関節窩　三頭筋

黄色部：広範囲に付着している．

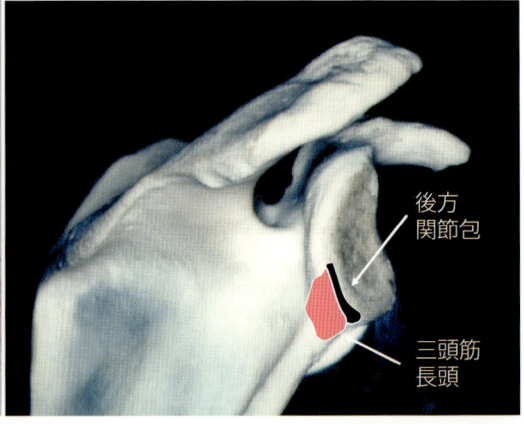

後方関節包　三頭筋長頭

図Ⅱ-47　症例10：後方タイトネス

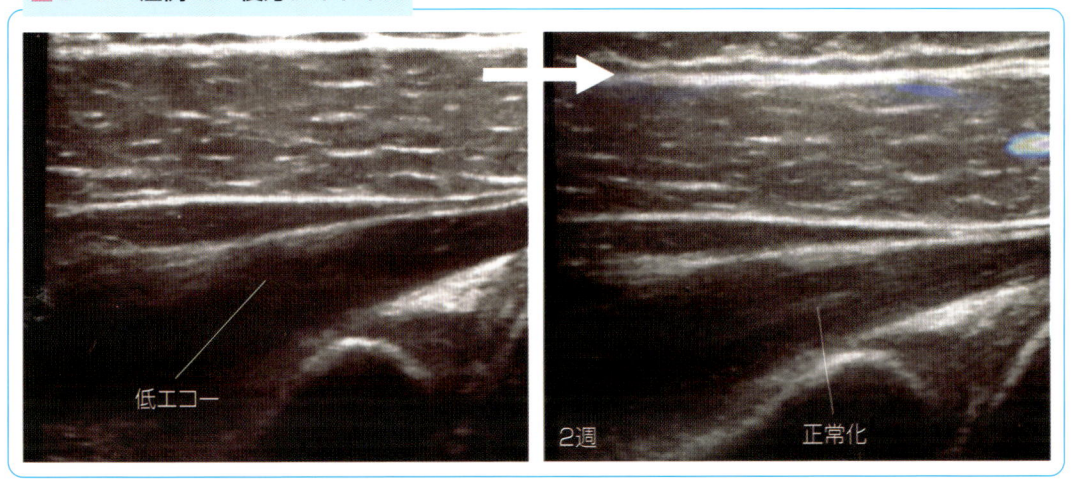

低エコー　　　2週　正常化

◆**症例10**　18歳，ピッチャー（図Ⅱ-47）

　投球時肩関節後方に痛みが出現し，次第に前方にも痛みが出現してきたため来院．棘下筋と小円筋が低エコーとなっていた．前方の長頭腱入口部周囲の腱板が低エコーを呈したため，後方のタイトネスが前方への骨頭変位を生じさせ前方痛が出現したと診断し，投球制限と後方ストレッチを主体にリハビリテーション指導した．約2週間で疼痛軽快し，投球再開した．

テクニックノート

　後方のBennett骨棘は長軸と短軸でとらえると大きさや位置が明瞭になる．三頭筋長頭をまず長軸でとらえ，近位起始部へとプローブを移動させ肩甲骨付着部の骨隆起を描出すると比較的容易である．Bennett骨棘のブロックテストは超音波下で容易に行うことができるⅡ-14)．

肩甲胸郭部滑液包炎，肩甲骨内上角炎（図Ⅱ-48）

若年の野球選手に多く，肩甲骨内上角や下角に投球時痛，圧痛を認める．超音波上，内上角に停止する肩甲挙筋，僧帽筋の腫脹や下角周辺部の低エコーを認める．小児では内上角骨端核の損傷も存在する．

◆症例11　12歳，男子．ピッチャー（図Ⅱ-48）
投球時肩関節後方に痛みが出現した．内上角に圧痛を認め，超音波像で肩甲骨内上角周辺に低エコーが出現していた．安静2週で低エコーは著明でなくなり，4週で正常となり，圧痛も消失した．

図Ⅱ-48　症例11：肩甲骨内上角炎

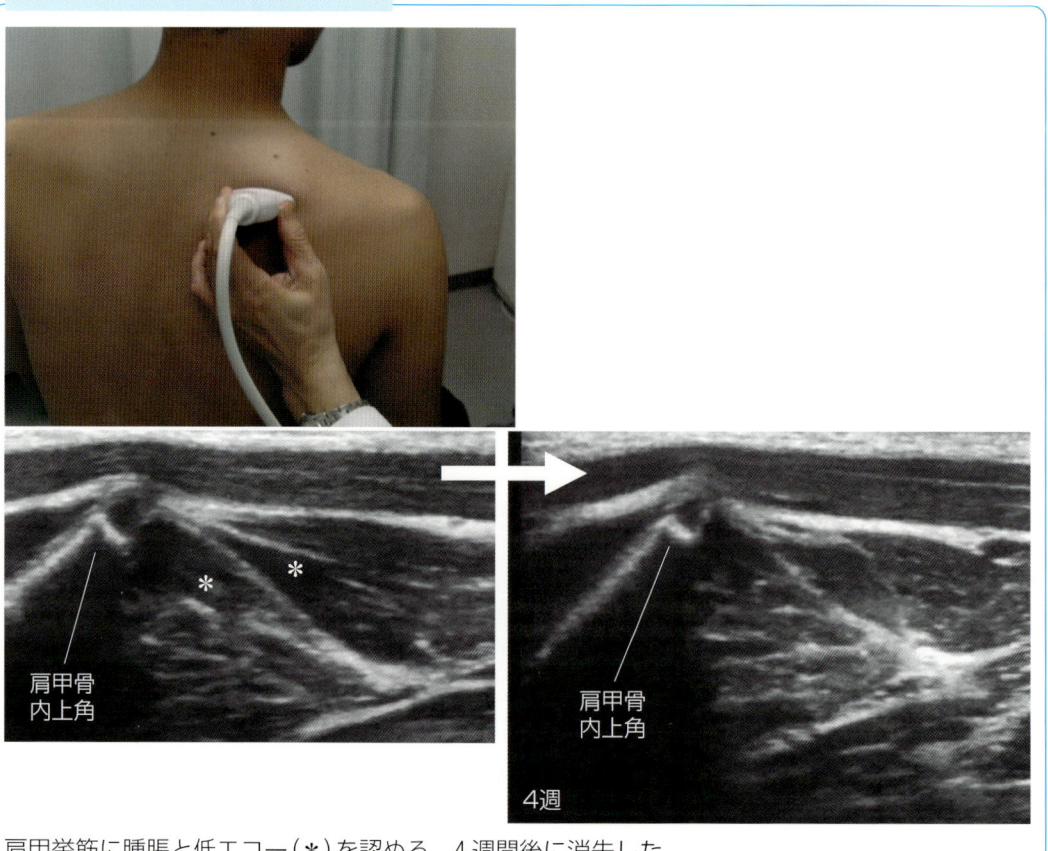

肩甲挙筋に腫脹と低エコー（*）を認める．4週間後に消失した．

文 献

Ⅱ-1) Jobe FW, et al.：Rotator cuff injuries in baseball. Prevention and rehabilitation. Sports Med. 6：378-387, 1988.
Ⅱ-2) Burkhart SS, et al.：Current Concepts-The disabled throwing shoulder. Arthroscopy. 19：404-420, 531-539, 641-661, 2003.
Ⅱ-3) 杉本勝正：腱板の超音波断層診断における probe compression test の有用性．肩関節．19：506-509, 1995.
Ⅱ-4) 杉本勝正：肩関節唇の超音波診断．肩関節．21：405-408, 1997.
Ⅱ-5) 杉本勝正：上方関節唇の超音波下動態検査．肩関節．27：391-394, 2003.
Ⅱ-6) Sugimoto K：Ultrasonographic evaluation of the Bankart lesion. J Shoulder Elbow Surg. 13：286-290, 2004.
Ⅱ-7) Wolf EG：Humeral avulsion of glenohumeral ligaments as a cause of anterior shoulder instability. Arthroscopy. 11：600-607, 1995.
Ⅱ-8) 杉本勝正：投球障害肩の超音波診断―前上方関節包を中心に―．肩関節．36：319-321, 2012.
Ⅱ-9) Snyder SJ et al.：SLAP lesions of the shoulder. Arthroscopy. 6：274-279, 1990.
Ⅱ-10) Gerber C, et al.：Impimgement of the deep surface of the subscapularis tendon and the reflection pulley on the anterosuperior glenoid rim. J Shoulder Elbow Surg. 9：483-490, 2000.
Ⅱ-11) 杉本勝正ほか：パワードップラー法による肩関節の観察．肩関節．25：467-469, 2001.
Ⅱ-12) Bennett GE：Shoulder and elbow lesion of the professional baseball pitcher. JAMA. 117：510-514, 1941.
Ⅱ-13) 杉本勝正ほか：関節窩後下方の解剖学的研究―Bennett 骨棘の成因について―．肩関節．29：243-246, 2005.
Ⅱ-14) 杉本勝正ほか：Bennett 病変の超音波像．肩関節．30：211-214, 2006.

これでわかる！スポーツ損傷超音波診断 肩・肘＋α

各論

III 超音波検査が有用なスポーツ障害，外傷 —肘関節

III. 超音波検査が有用なスポーツ障害，外傷：各 論

肘関節

肘関節解剖（図III-1）と超音波正常像（図III-2〜8）

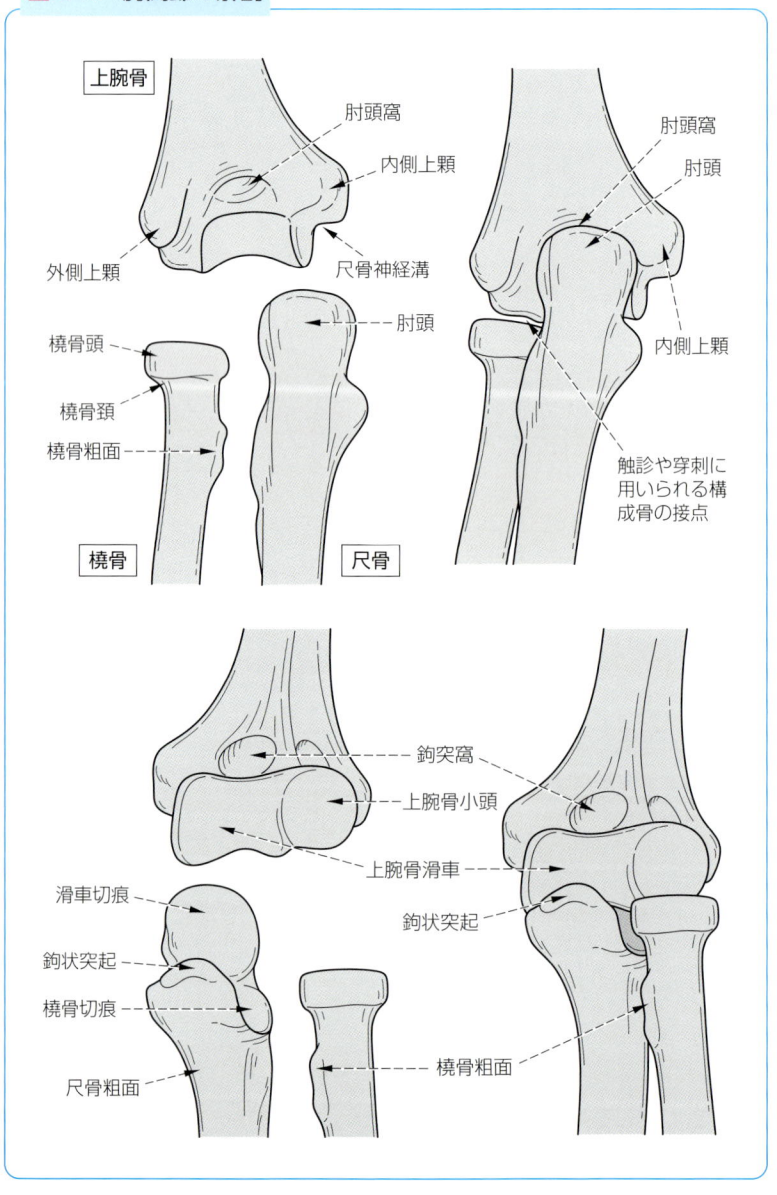

図III-1 肘関節の解剖

<解剖のキーポイント>
- 内上顆(図Ⅲ-2)
- 外上顆(図Ⅲ-3)
- 肘頭(図Ⅲ-4)
- 肘頭窩(図Ⅲ-5)
- 尺骨神経(図Ⅲ-6)
- 上腕骨小頭(図Ⅲ-7)
- 鉤突起(図Ⅲ-8)

図Ⅲ-2 内上顆, 内側側副靱帯の正常超音波像

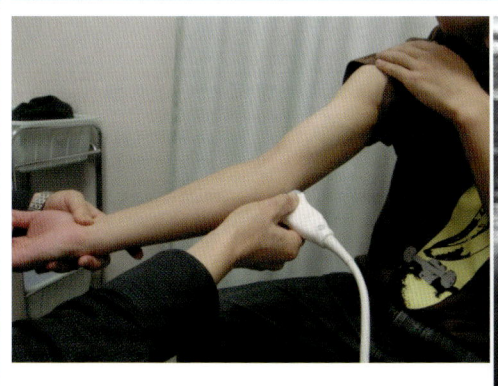

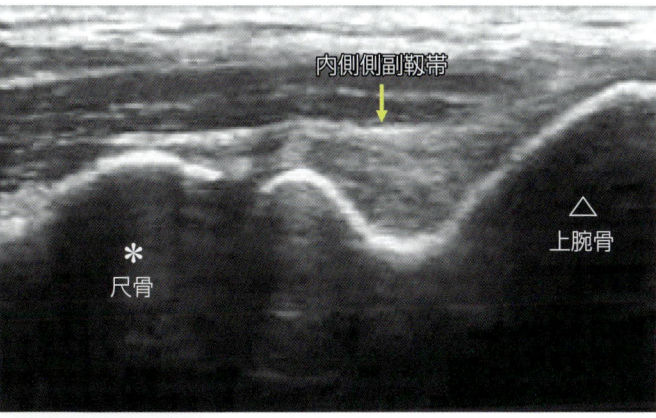

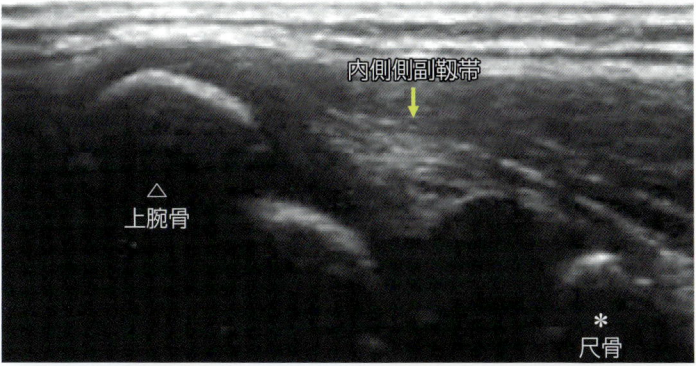

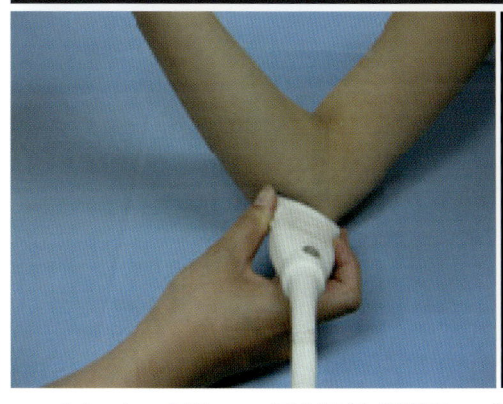

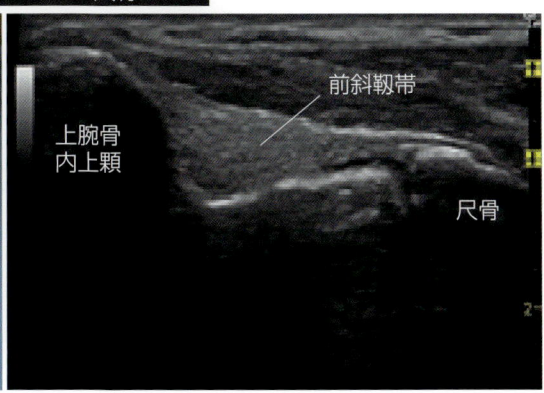

a:成人, b:小児, c:屈曲時(左側写真:eSmart Trainer;GE ヘルスケア・ジャパンより転載)

肘関節 51

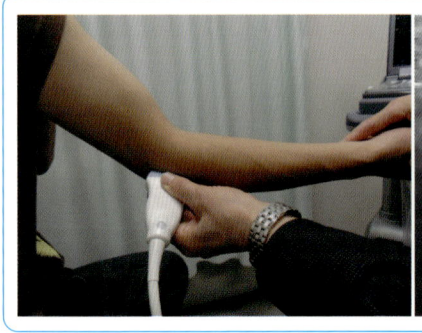

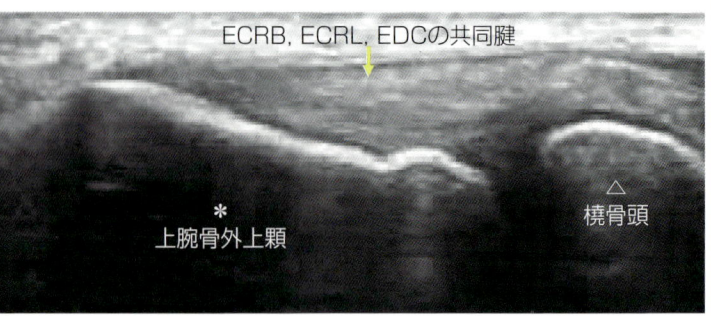

これでわかる！ スポーツ損傷超音波診断 肩・肘＋α

図Ⅲ-3 外上顆，ECRB（短橈側手根伸筋），ECRL（長橈側手根伸筋），EDC（総指伸筋）の共同腱の正常超音波像

ECRB，ECRL，EDCの共同腱
＊上腕骨外上顆
△橈骨頭

図Ⅲ-4 肘頭の正常超音波像（長軸像）

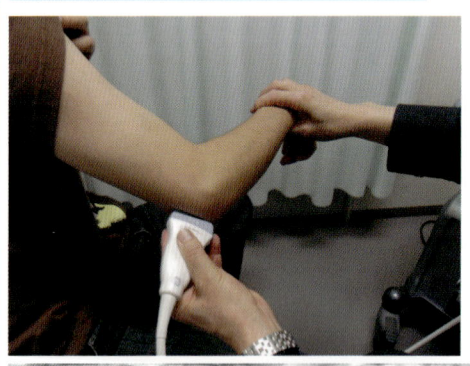

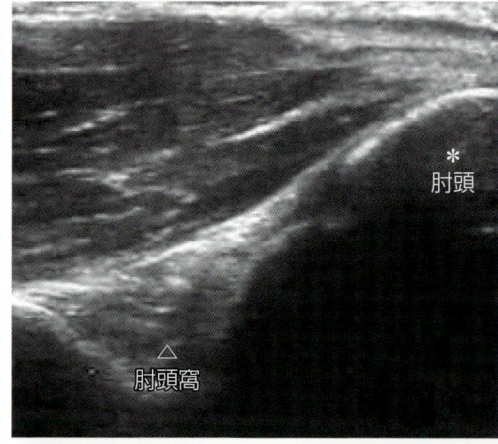

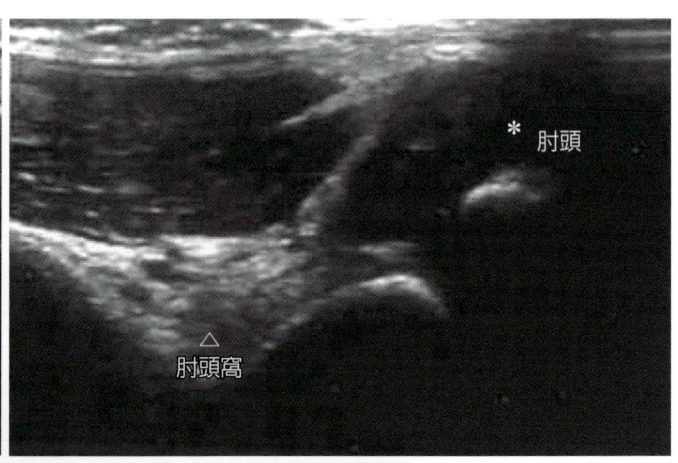

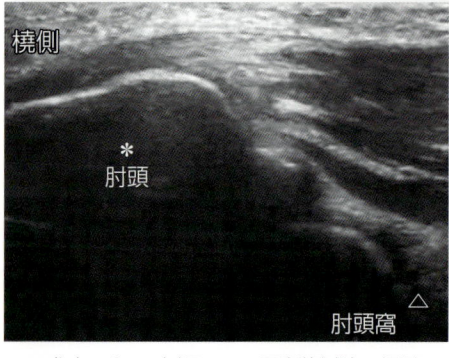

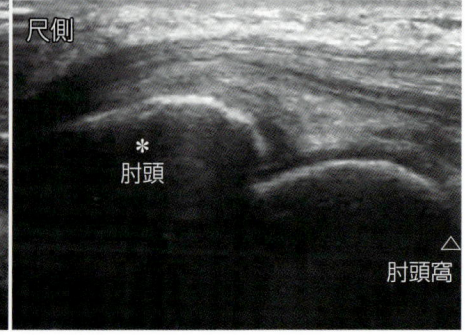

＊肘頭
△肘頭窩

＊肘頭
△肘頭窩

橈側
＊肘頭
△肘頭窩

尺側
＊肘頭
△肘頭窩

a	b
c	

a：成人，b：小児，c：尺側橈側の相違

図Ⅲ-5 肘頭窩の正常超音波像，短軸像

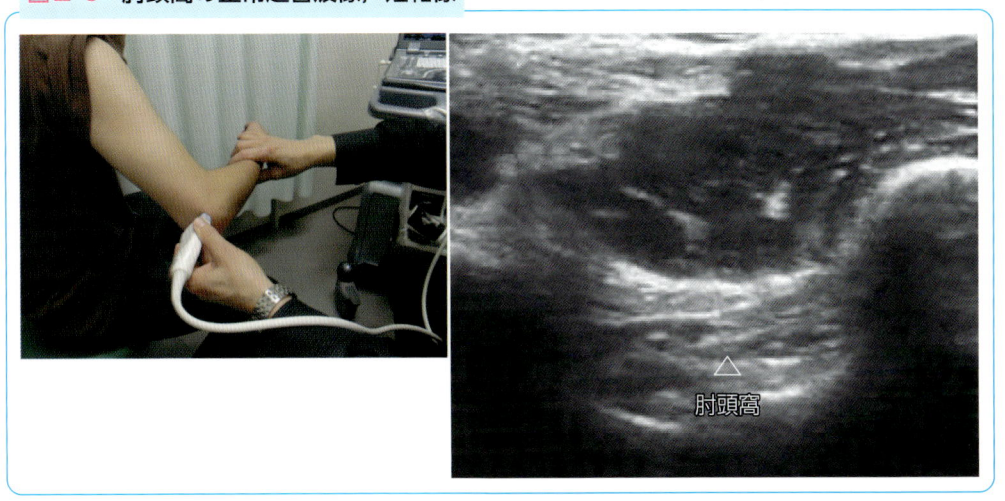

△ 肘頭窩

図Ⅲ-6 尺骨神経の正常超音波像

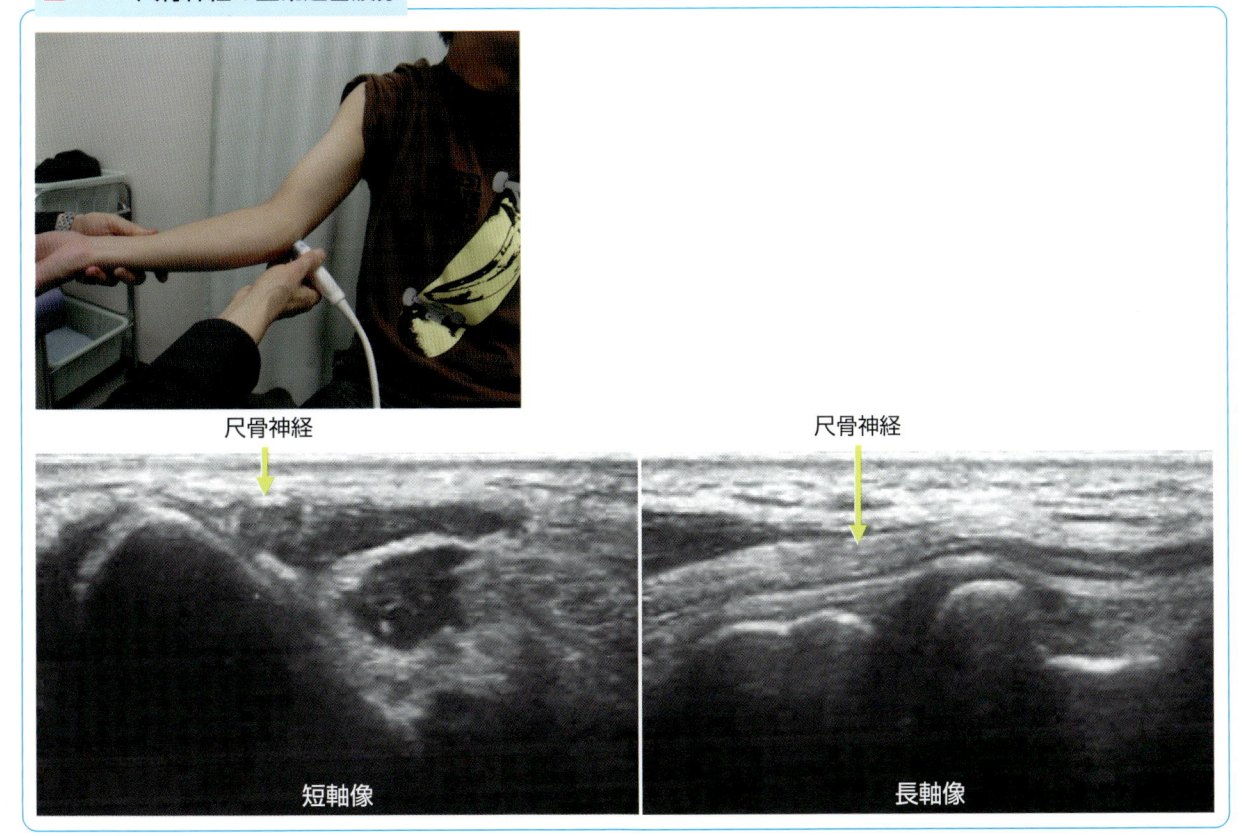

尺骨神経

尺骨神経

短軸像

長軸像

肘関節 53

図Ⅲ-7　上腕骨小頭の正常超音波像

※上腕骨小頭　△橈骨頭

※上腕骨小頭　△橈骨頭

a
―
b

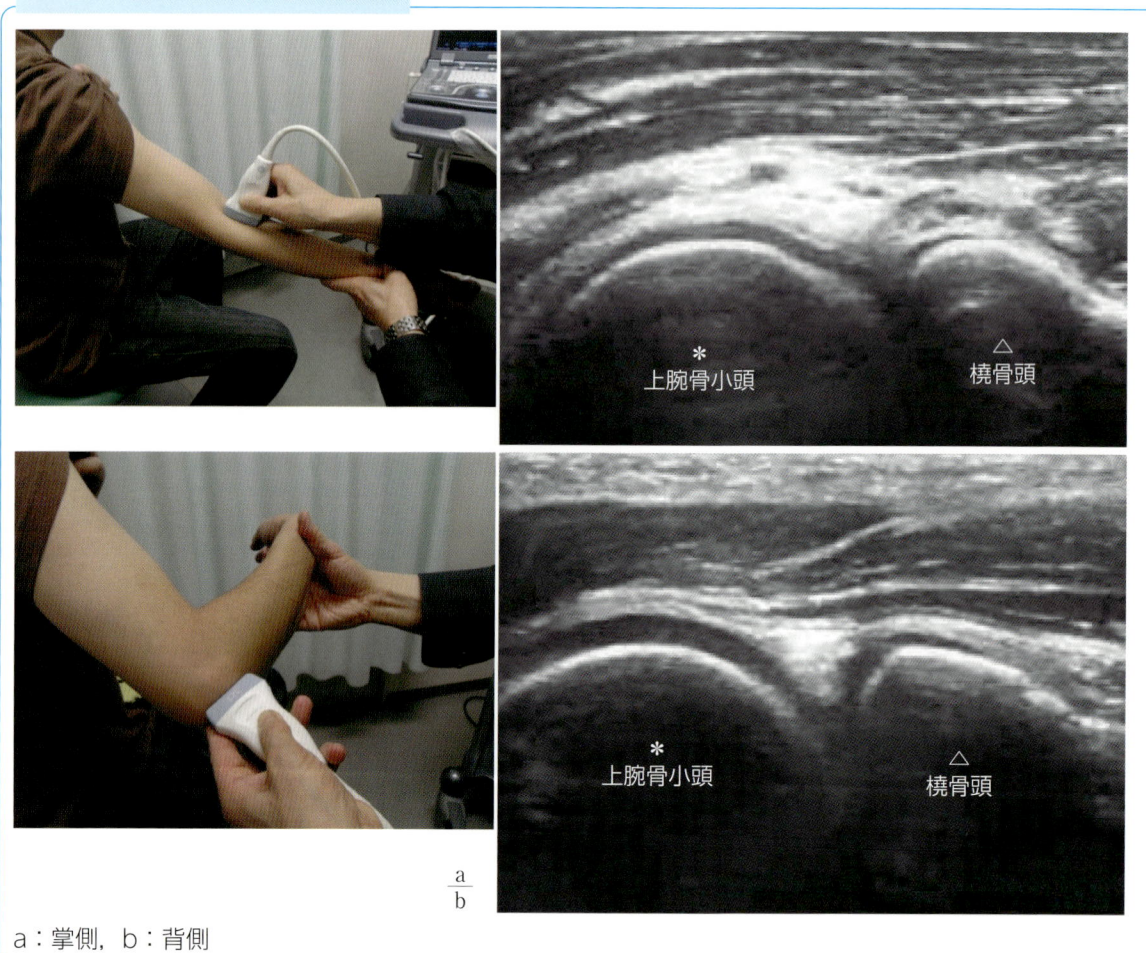

a：掌側，b：背側

図Ⅲ-8　鉤突起の正常超音波像

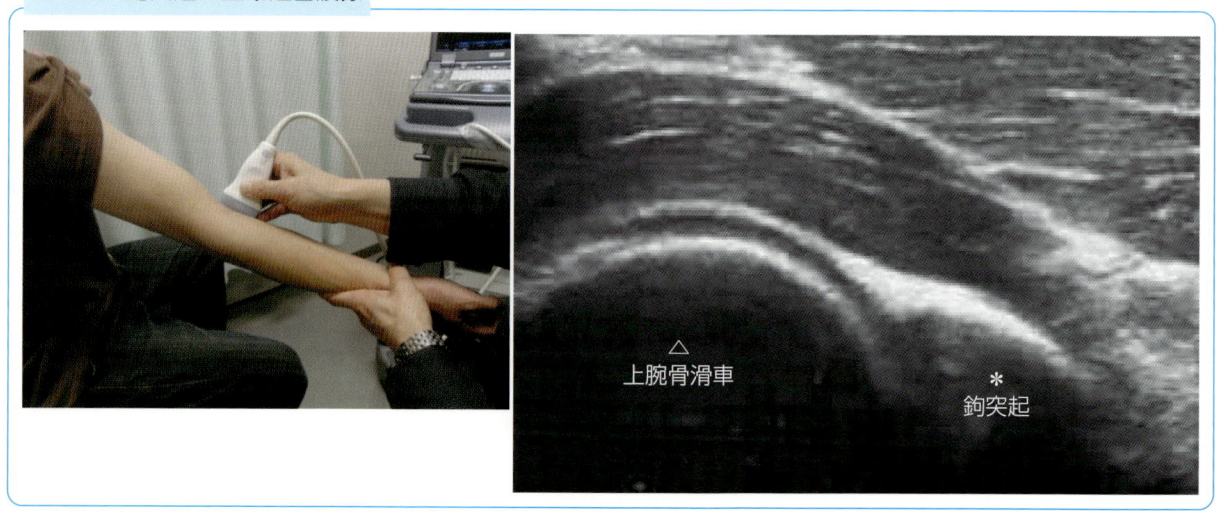

△上腕骨滑車　※鉤突起

54　Ⅲ．超音波検査が有用なスポーツ障害，外傷：各　論

Check❸
野球肘の病態確認

野球肘の病態（図Ⅲ-9）

　肘スポーツ障害の代表として野球肘の病態を知ることは有用である．

a）外側型野球肘

　コッキング期から加速期，ボールリリース時にかけての肘外側にかかる圧迫剪断力により起こる．主に上腕骨小頭の軟骨損傷（離断性骨軟骨炎）が多い．

b）内側型野球肘

　コッキング期から加速期にかけての肘内側にかかる牽引力による損傷．肘内側側副靱帯は anterior, posterior, transverse, これら3つの線維が存在し，肘関節において外反ストレスに対する最も重要な安定化機構として機能している．その中でも anterior fiber が主要な作用をしており，投球動作における牽引力により，慢性的あるいは急性に損傷が引き起こされる靱帯である．成人では内側側副靱帯損傷が多いが，小児では内上顆骨端線が存在し同部での損傷（リトルリーグ肘）や剥離骨折，屈筋回内筋群損傷も頻度が高い（図Ⅲ-10）．また，尺骨神経の屈曲

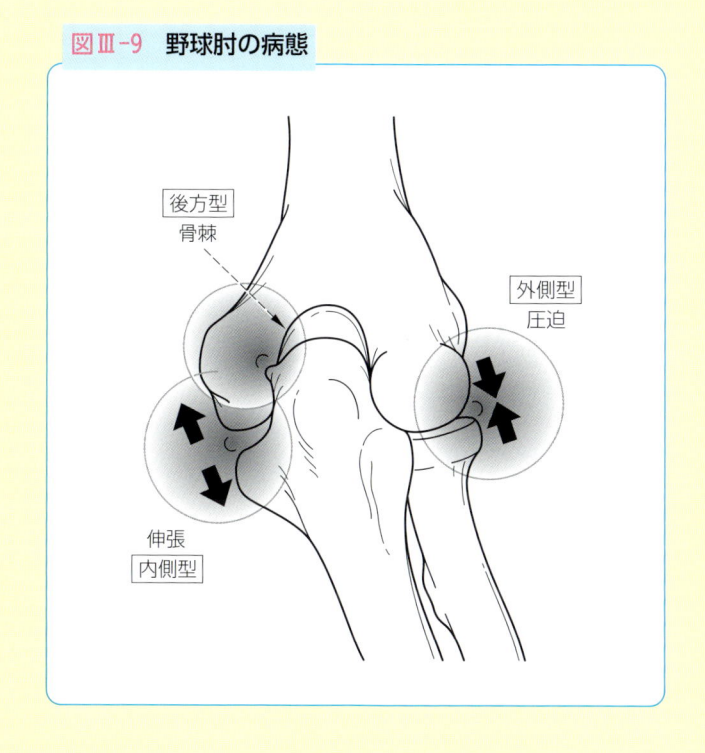

図Ⅲ-9　野球肘の病態

時の前方脱臼による痛みも広義の内側型野球肘に含む．球種ではスライダーを多投する投手が多い．

c) 後方型野球肘

　　ボールリリース時に肘伸展が強制され，肘頭，肘頭窩に生じる骨性インピンジメントによる障害．具体的には肘頭先端の骨棘形成とその骨折，肘頭窩の骨棘形成とその骨折，遊離体形成，小児では肘頭部骨端線の損傷が含まれる．フォロースルーが下手な選手や，フォークボールなどの抜く球種を投げる投手が多く損傷する．

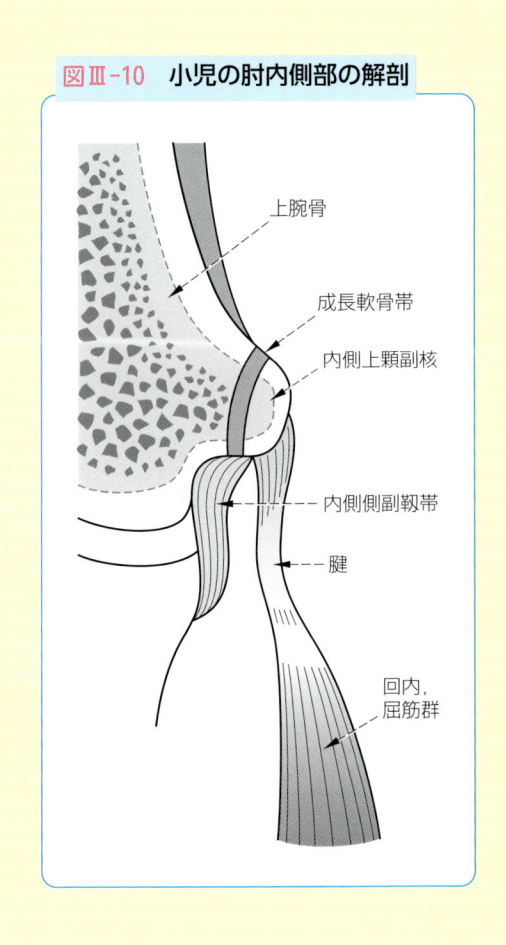

図Ⅲ-10　小児の肘内側部の解剖

- 上腕骨
- 成長軟骨帯
- 内側上顆副核
- 内側側副靱帯
- 腱
- 回内，屈筋群

外側型野球肘（離断性骨軟骨炎）(図Ⅲ-11)

　上腕骨小頭の掌側，背側からの形状，骨端線の走行を把握する．前腕屈曲伸展，回内外により小頭軟骨面の安定性を確認する．特に前腕回内，回外運動でも表面軟骨の異常可動性を認める症例は，日常の動作でも軟骨が不安定であるため予後が悪い．長軸，短軸で関節病変の領域と深度を経時的に観察していく．

> **テクニックノート**
>
> 　小頭軟骨の異常可動性が予後の判定に重要である．肘深屈曲位と伸展位でゆっくりと前腕回内外，屈曲伸展も加え，微小な軟骨表面の動きをとらえる．

図Ⅲ-11　小頭の離断性骨軟骨炎

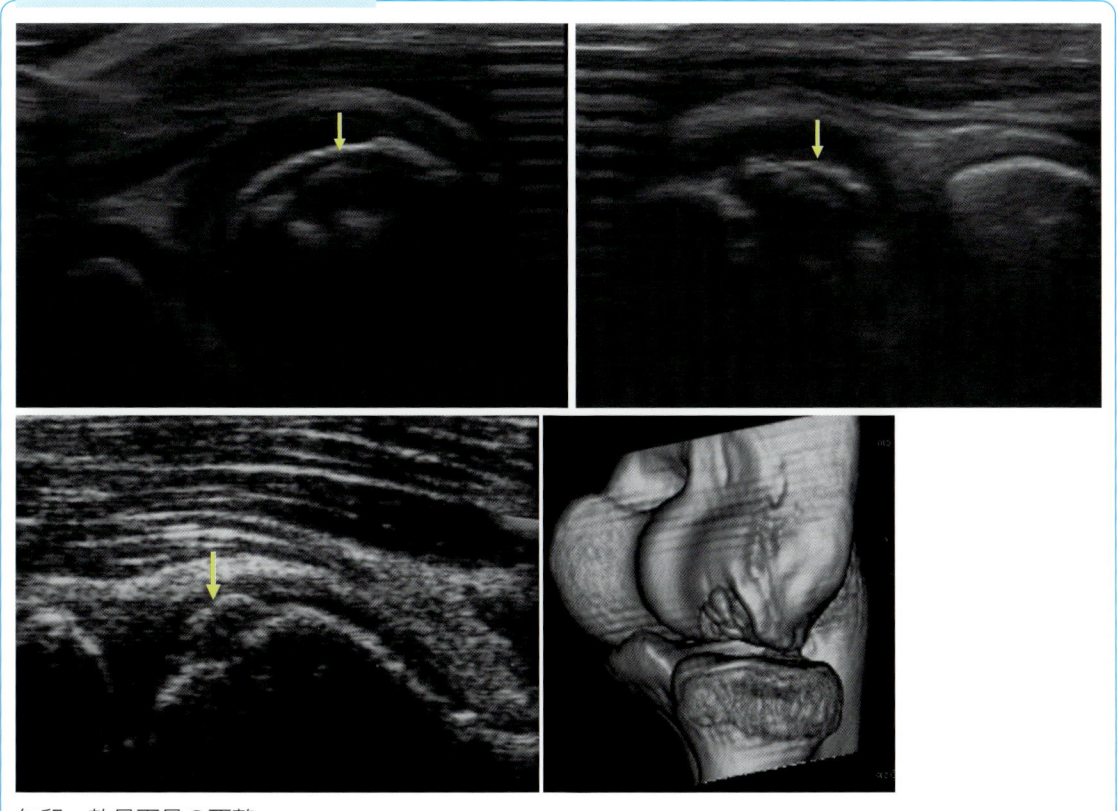

矢印：軟骨下骨の不整

◆**症例 12**　14歳，男性．ピッチャー（図Ⅲ-12）

　1年前より当院で離断性骨軟骨炎の診断を受けて経過観察してきた．当院来院時，小頭に圧痛を認めX線では透亮期，超音波像にて小頭下骨の不連続を認めた．半年の経過で連続性は出現してきたが，いまだ空隙を認めるため遠投禁止し，内野でプレーをしている．

図Ⅲ-12　症例12：離断性骨軟骨炎

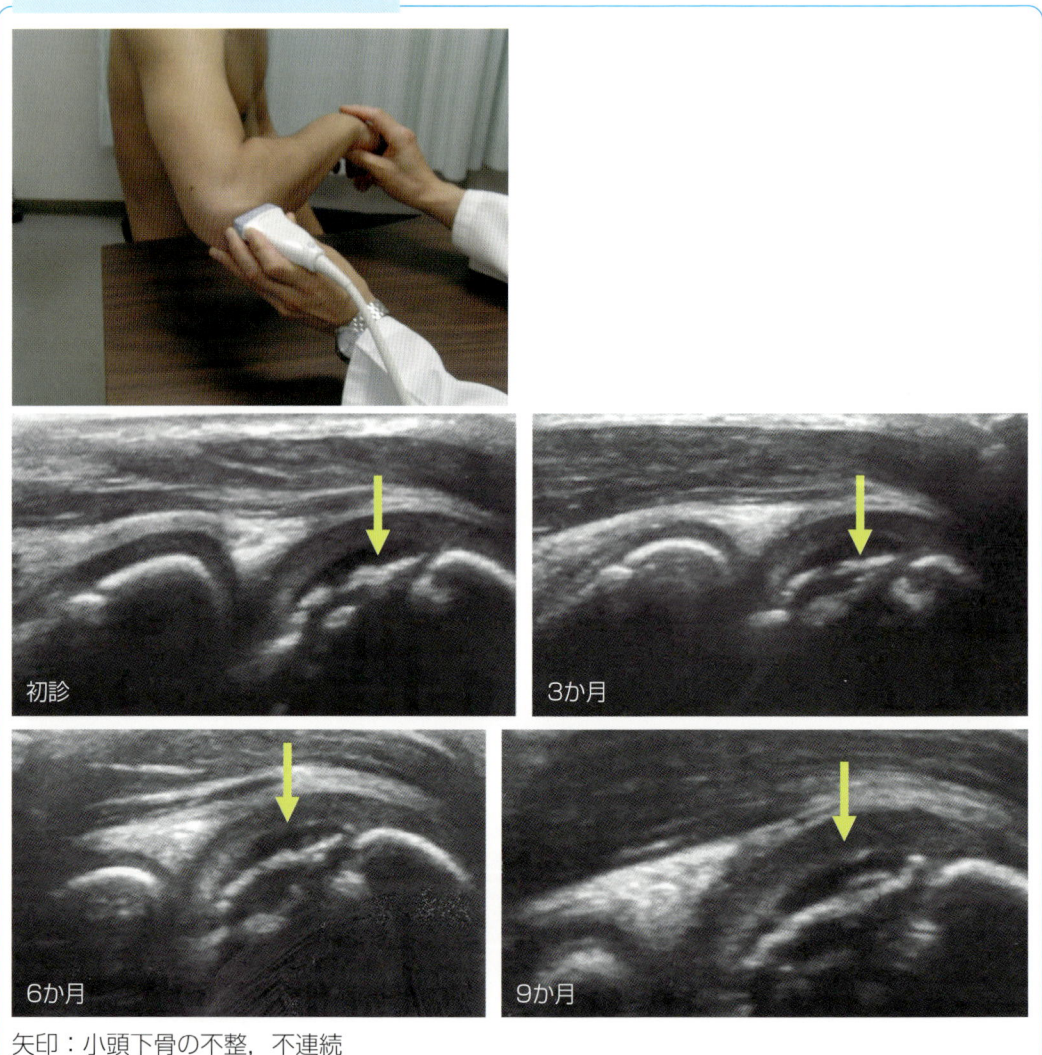

初診　　3か月

6か月　　9か月

矢印：小頭下骨の不整，不連続

図Ⅲ-13　上腕骨遠位外側骨端線損傷

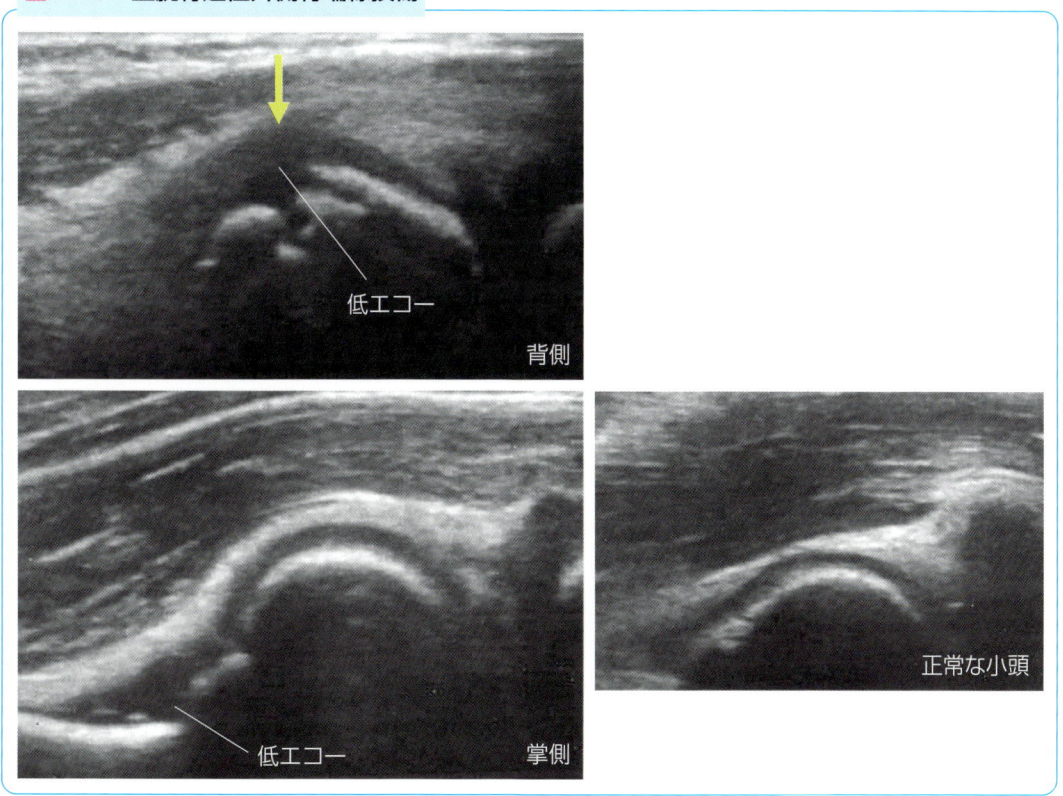

低エコー　背側

低エコー　掌側

正常な小頭

プラスαの知識

肘外側部の疼痛を訴える症例で小頭は全く正常な場合がある．注意深く圧痛の局在を調べると上腕骨遠位骨端線外側部の痛みで，超音波像で同部の骨端線に腫脹を認めることがある（図Ⅲ-13）．外側型のリトルリーグ肘と考えている．予後は比較的良好で，1か月以内の安静で疼痛は軽快する．

内側型野球肘（リトルリーグ肘，内上顆骨端核離開，肘内側側副靱帯損傷）

　成人では内側側副靱帯損傷が多いが，小児では内上顆骨端線が存在し，同部での損傷（リトルリーグ肘）や剥離骨折，屈筋回内筋群損傷も多数存在するので内側側副靱帯（以下，MCL）前方線維，内側上顆の超音波解剖が重要である（図Ⅲ-10，p.56）．正常MCL前方線維の超音波像は上腕骨内顆と尺骨付着部間に明瞭に描出され，境界エコーは明瞭で屈筋群との間隙には一層の低エコー領域が存在し，内部エコーは均一な中等度のエコーレベルを呈する（図Ⅲ-14）．靱帯損傷は近位と遠位に分類され，それぞれ実質内や周辺の低エコーの存在を確認する（図Ⅲ-15）[Ⅲ-1]．経時的に観察し低エコーが高エコーへと変化していくのをとらえる[Ⅲ-2]．
　外反ストレスによる関節裂隙の開大，動揺性の診断も必要に応じて行う[Ⅲ-3]．

◆**症例13**　17歳，ピッチャー

　肘内側部痛で来院．内側靱帯表層に腫脹を認めた．約2週間の安静で腫脹軽快，外反ストレスで軽度の痛みを訴えるのみの状態から，シャドーピッチングによるフォームチェックを開始．受傷後約4週間で塁間以下のキャッチボールを開始し，痛みの出現しない程度に投球レベルを上げていき，約6週間で復帰した（図Ⅲ-16）．

図Ⅲ-14　正常内側側副靱帯（MCL）

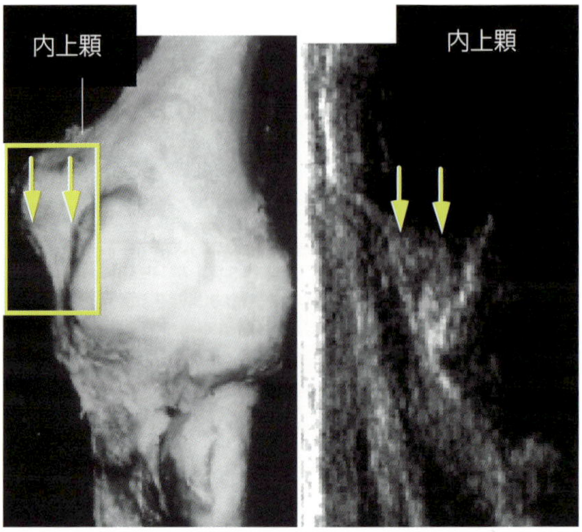

矢印：MCL

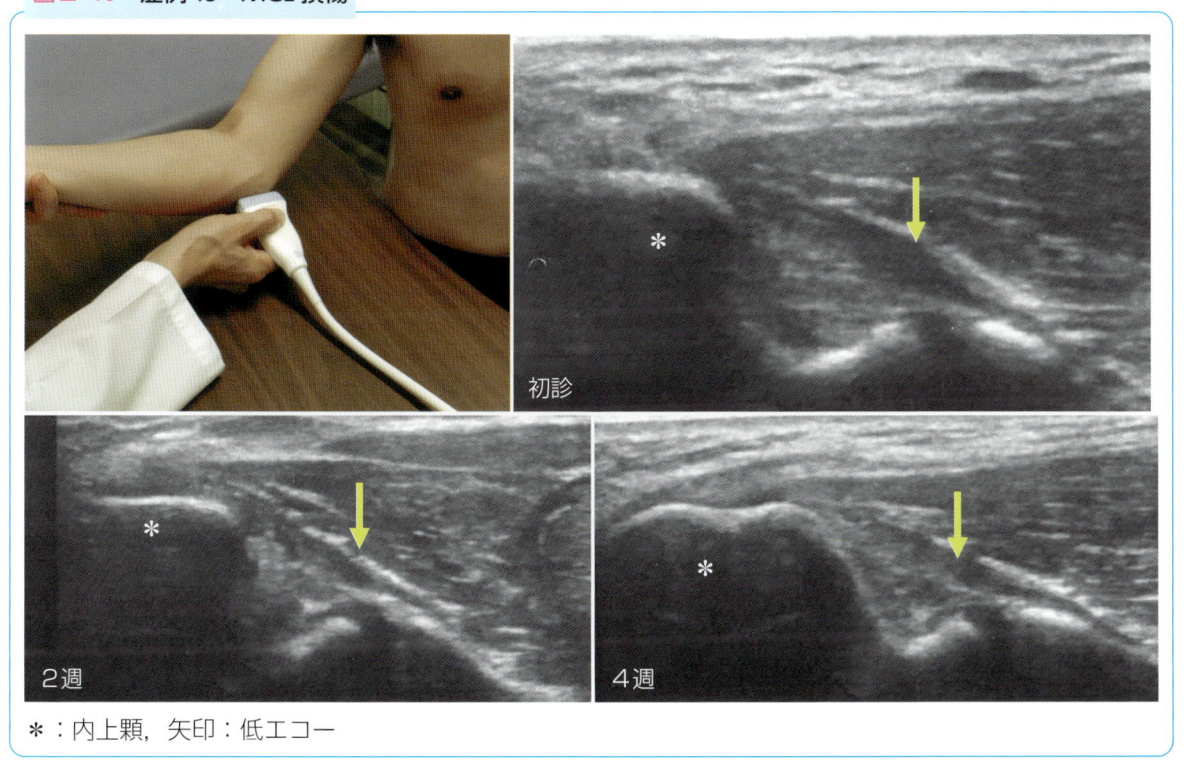

図Ⅲ-15　近位型MCL損傷と遠位型MCL損傷

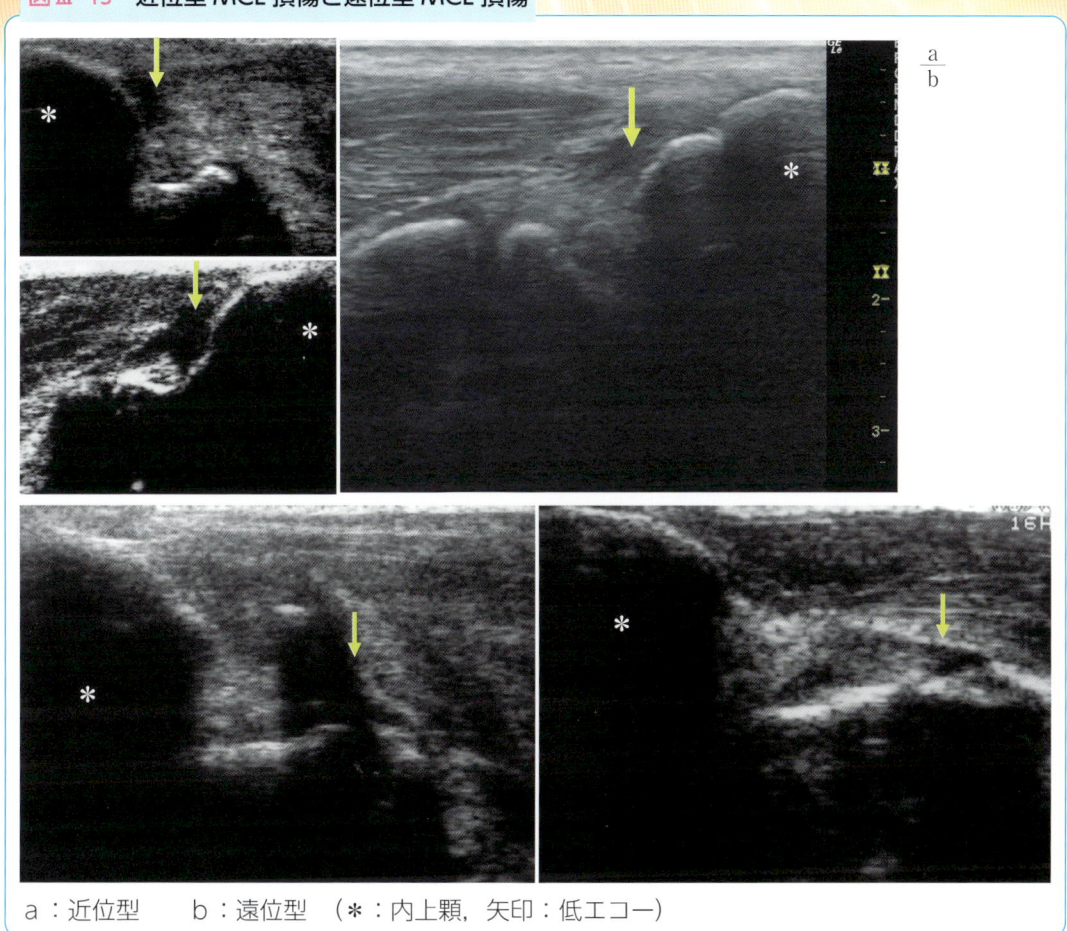

a：近位型　　b：遠位型　（＊：内上顆，矢印：低エコー）

図Ⅲ-16　症例13：MCL損傷

初診

2週　　　　　　　　　　　　4週

＊：内上顆，矢印：低エコー

図Ⅲ-17　症例14：MCL損傷（小児）

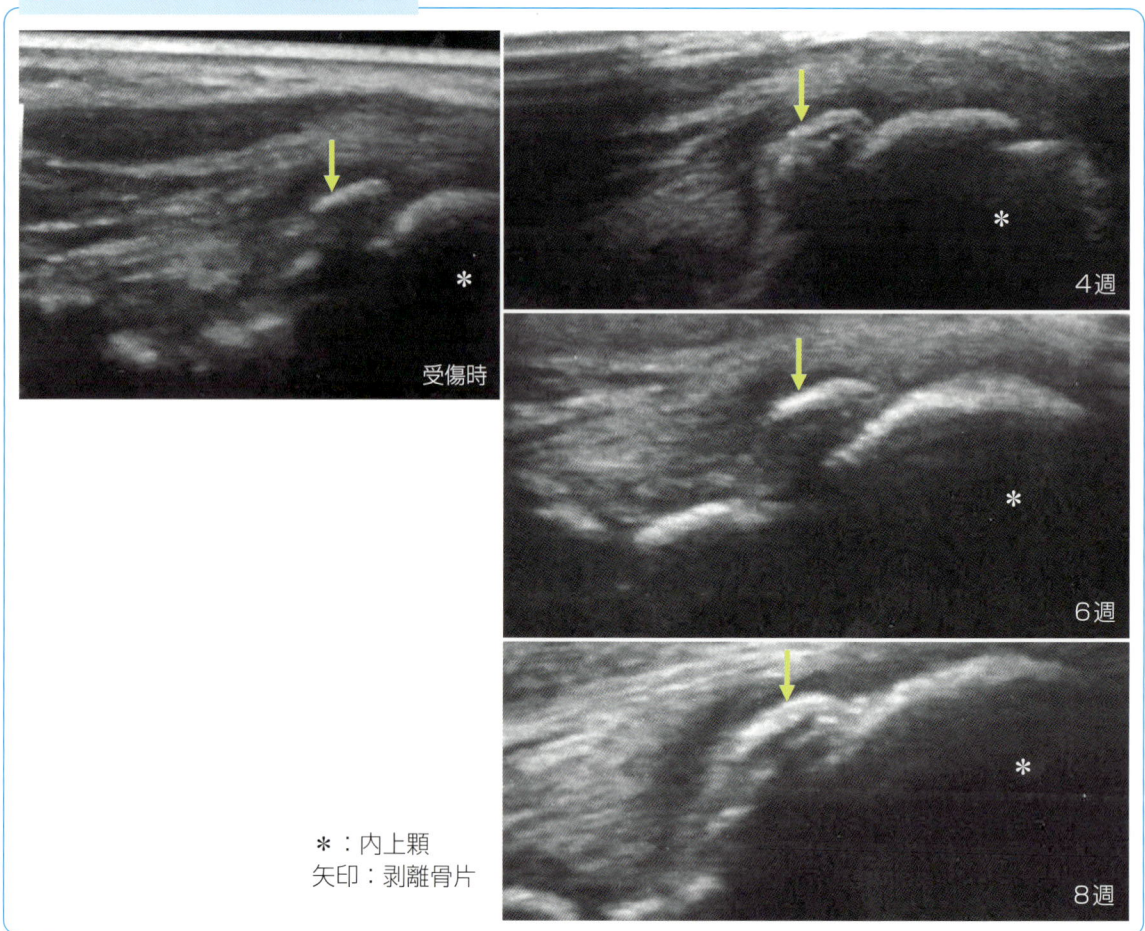

＊：内上顆
矢印：剥離骨片

受傷時／4週／6週／8週

◆症例14　11歳，ピッチャー（図Ⅲ-17）
　肘内側部痛を訴え来院．X線，超音波で内上顆に剥離骨片と周囲の腫脹を認めた．投球禁止し，LIPUSをスタート．4週で腫脹軽快したためシャドースロー開始．6週で外反ストレステスト改善しネットスロー開始．経過とともに骨片は癒合していき，8週ですべての症状が消失した．

図Ⅲ-18 症例15：リトルリーグ肘

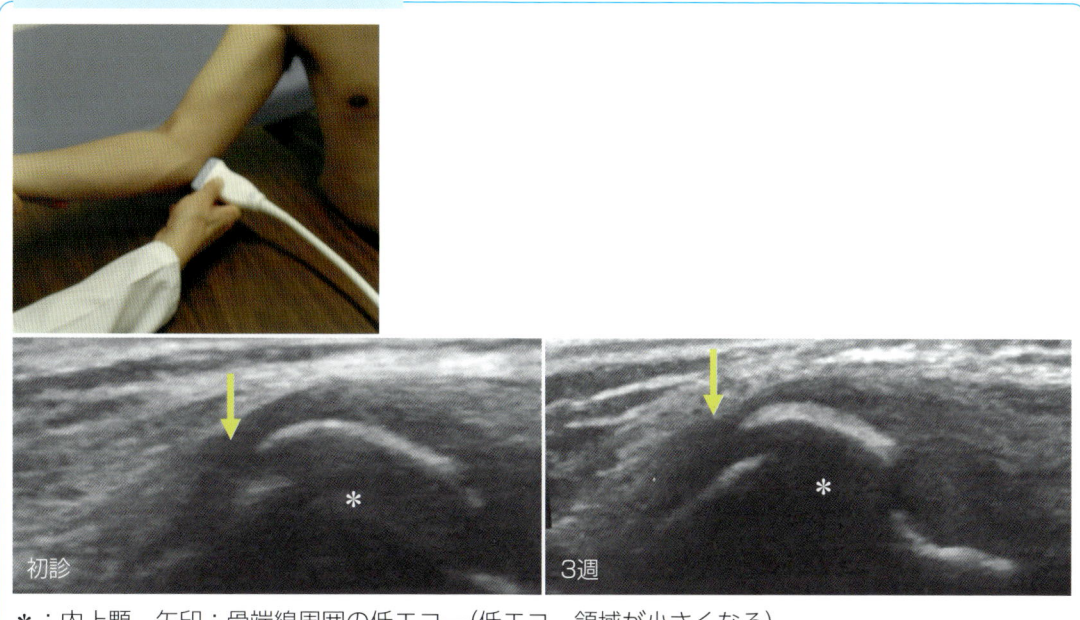

初診　3週

＊：内上顆，矢印：骨端線周囲の低エコー（低エコー領域が小さくなる）

◆**症例15**　12歳，ピッチャー（図Ⅲ-18）

投球にて肘内側部痛出現し来院．内側に圧痛を認めるが，骨端線側と近位靱帯付着部の両方に存在した．超音波像上，骨端線側と靱帯付着部に低エコー像を認めた（図Ⅲ-18）．約2週で靱帯側の圧痛は消失したが，骨端線側はまだ圧痛を認めたためシャドースローのみを許可した．約1か月で骨端線側の圧痛も消失してきたため，投球を段階的に再開した．

図Ⅲ-19　症例16：MCL再建術後

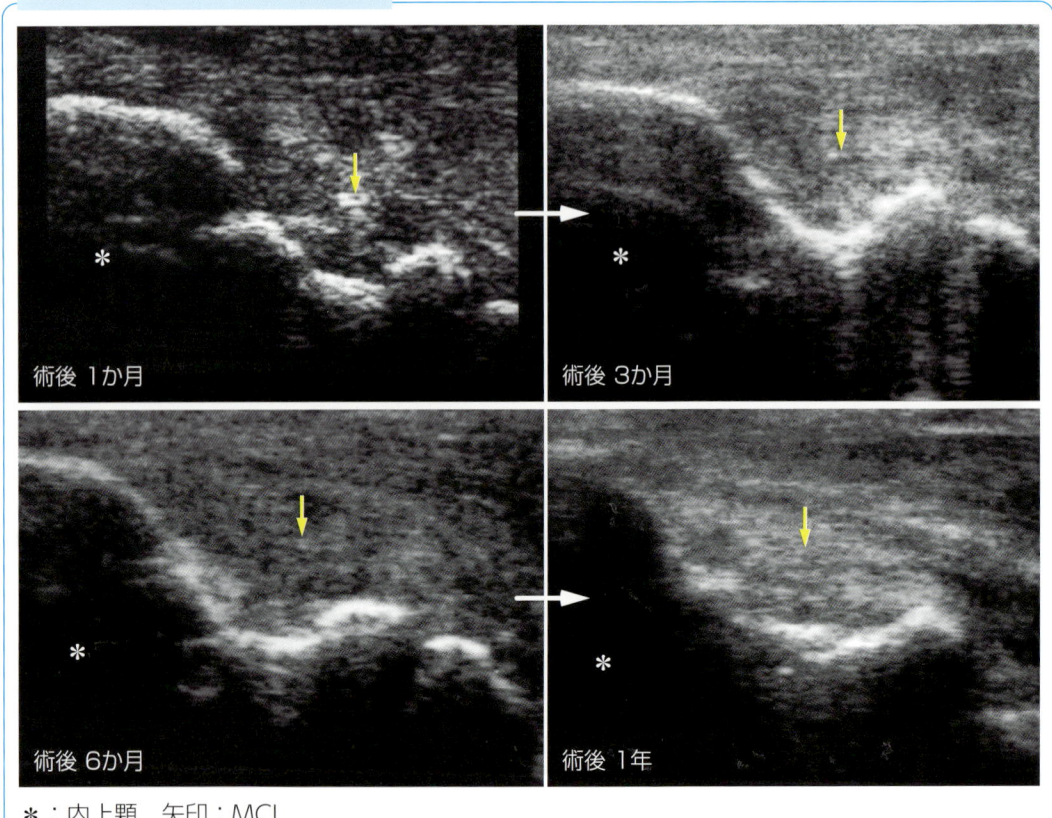

術後 1か月　　術後 3か月
術後 6か月　　術後 1年

＊：内上顆，矢印：MCL

◆**症例16**　27歳，プロ野球ピッチャー（図Ⅲ-19）

　　肘 MCL 再建術後の経過観察．術後1か月では靱帯実質が不均一で境界不明瞭．術後3か月で全体が均一化するも靱帯の境界不鮮明．半年で境界が出現．1年でほぼ正常な画像となった．術後3か月で，超音波像上，低エコーの出現に注意しながら投球レベルを上げていき，1年で完全復帰した．

後方型野球肘

肘頭，肘頭窩の正常な形状を把握する．肘頭先端の骨棘形成とその基部での不連続，低エコー像を長軸像でとらえる．橈側の肘頭先端は骨棘と誤診しやすい．小児では肘頭骨端線損傷や疲労骨折が出現する場合が多い．

テクニックノート

患者に後方長軸画像を見せながら深屈曲から肘を伸展していき，肘頭が肘頭窩に入り込む様子をゆっくり見せる．画像上も肘頭が肘頭窩にあたり，実際に伸展できなくなった時点で少しだけ伸展ストレスをかけて疼痛を誘発させる．画像上と実際の疼痛出現が一致することを患者に見せて後方インピンジが疼痛の原因であることを自覚させる．

プラスαの知識

伸展時痛を後方で訴える症例のなかに滑車部後方の軟骨損傷による症例がある．疼痛部位が後方でも深部にある．
肘頭先端，肘頭窩の観察に加え，滑車部の軟骨表面の性状を深屈曲位で必ずチェックする．

図Ⅲ-20 症例17：滑車部軟骨損傷

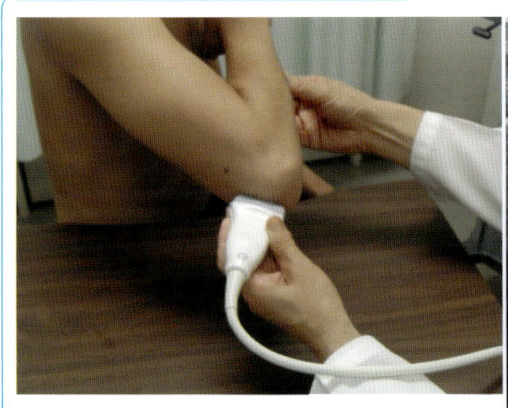

矢印：滑車部軟骨不整

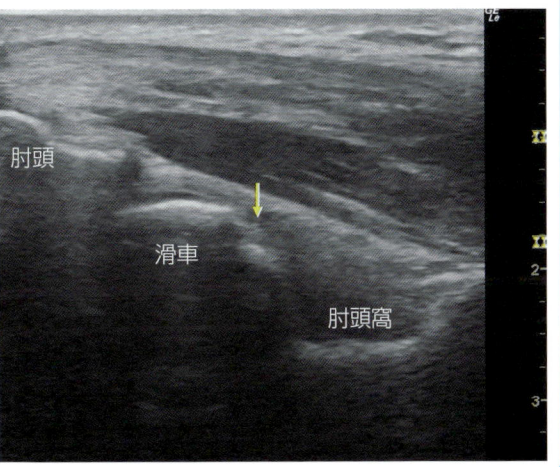

肘関節

図Ⅲ-21　症例18：肘頭疲労骨折

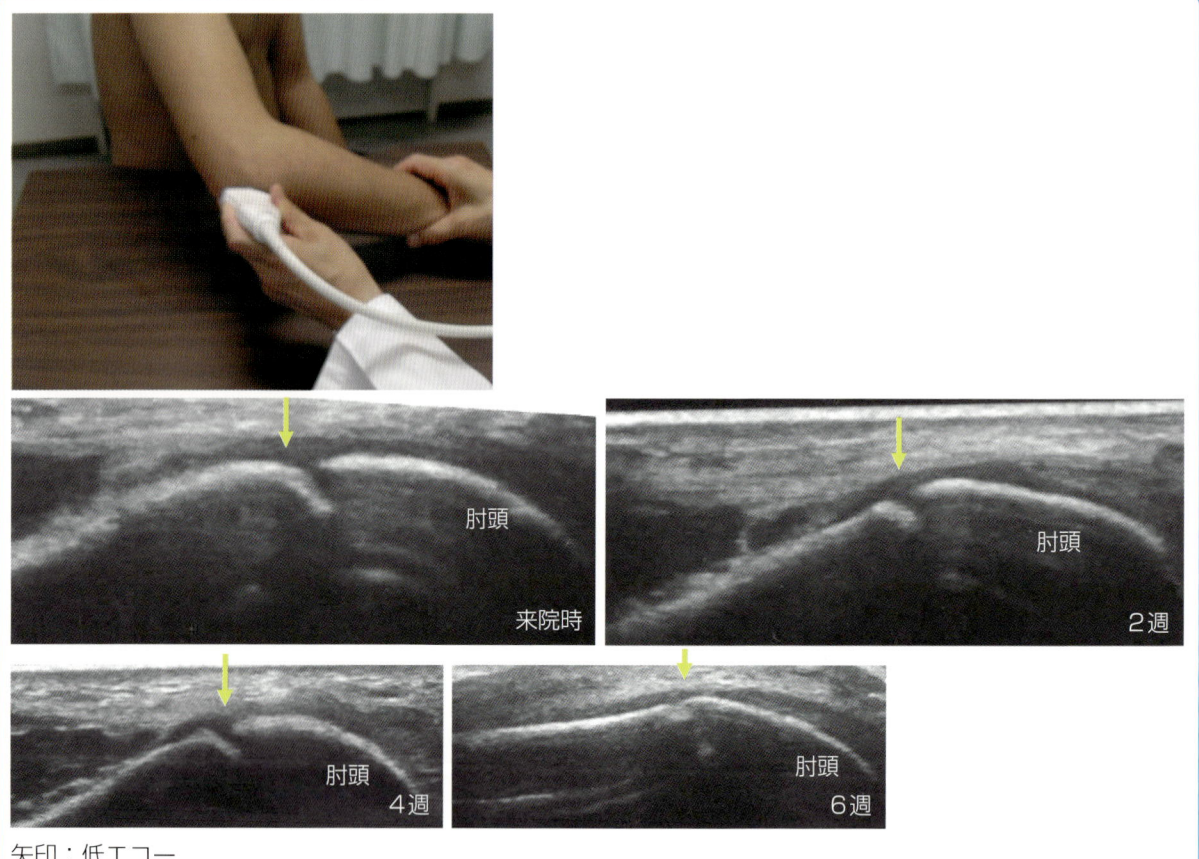

肘頭　来院時

肘頭　2週

肘頭　4週

肘頭　6週

矢印：低エコー

◆症例17　16歳，高校野球野手（図Ⅲ-20）
　　伸展時痛を認め，肘頭の圧痛は認めなかった．超音波像上，滑車部の軟骨損傷を疑う不整像を認め，CTでも確認した．

◆症例18　17歳，高校野球ピッチャー（図Ⅲ-21）
　　肘後方部痛，伸展時痛を訴え来院．骨端線閉鎖前で周囲に低エコーと圧痛を認めた．2週間後，腫脹が縮小したが伸展時痛は残存した．4週で疼痛消失したためネットスローをしながらフォームチェック，特にフォロースルーを確認した．6週でピッチング開始したが，腫脹，疼痛，骨端線周囲の低エコーは出現しなかった．

図Ⅲ-22 症例19：後方インピンジ

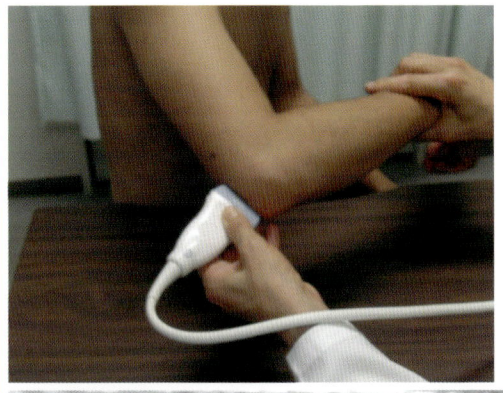

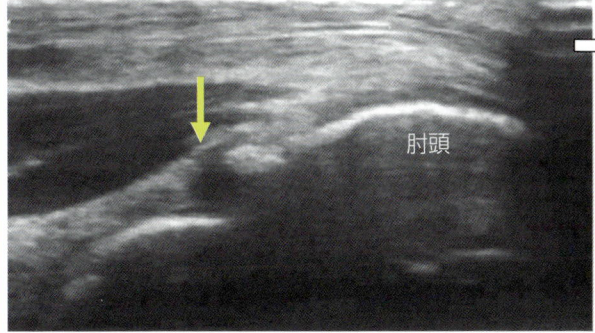

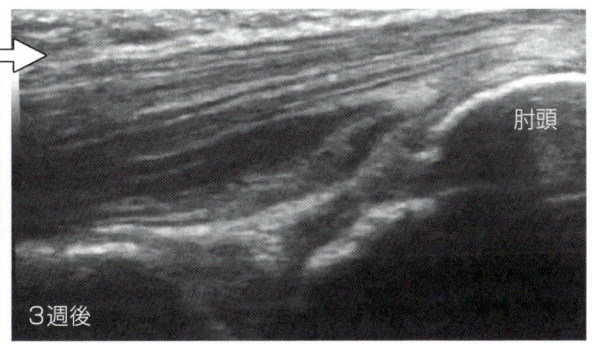

肘頭

3週後

肘頭

矢印：低エコー

◆症例19　24歳，プロ野球ピッチャー（図Ⅲ-22）
　　キャンプで肘後方に投球時痛が出現し来院．肘頭後方に圧痛を認め最大伸展での疼痛あり．X線で肘頭先端に骨棘形成を認め，超音波でもその存在を確認．さらに骨棘基部に不連続性と周囲の低エコー像を認めた．約1か月間，投球をリリース時の伸展を避けるかたちで行いつつ，肩肘のコンディションを保持しながら肘頭先端部の疼痛と低エコーを経過観察した．3週後，伸展時痛が消失，肘頭先端部の低エコーの消失を確認した後，本格的投球を再開した．

外上顆炎，バックハンドテニス肘

外上顆に付着する短橈側手根伸筋（以下，ECRB），長橈側手根伸筋（以下，ECRL），総指伸筋（以下，EDC）の共同腱の低エコー像をとらえる．低エコー領域は限局しているため，盲目的な注射より超音波下にピンポイントのステロイド局注が有効である．近年，鏡視下に ECRB を切離する手技が行われてきているが，超音波像にて外上顆の近位骨棘などが存在する部位の低エコーが存在する症例では，成績が良好でないと思われる．超音波所見により病巣部位を詳細に確認し鏡視下手術の適応に応用するべきと考えている．いずれにしても，外上顆に付着するECRB，ECRL，EDC の共同腱と外側側副靱帯，輪状靱帯の解剖を熟知し，どの部位に炎症所見が存在するかを確認する必要がある（図Ⅲ-23）．

図Ⅲ-23 正常外上顆像と解剖

◆症例 20　36 歳，男性．テニス愛好家（図Ⅲ-24）

　他院でテニス肘の診断で保存療法を受けていたが改善しないため初診した．超音波像で共同腱付着部に低エコーを認めたため，超音波下に同部をブロックし（図Ⅲ-24），疼痛は改善した．

図Ⅲ-24　症例 20：外上顆炎

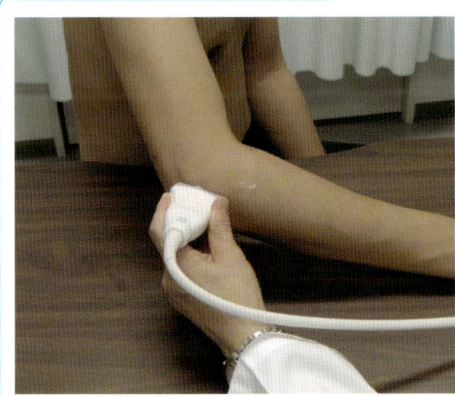

矢印：低エコー

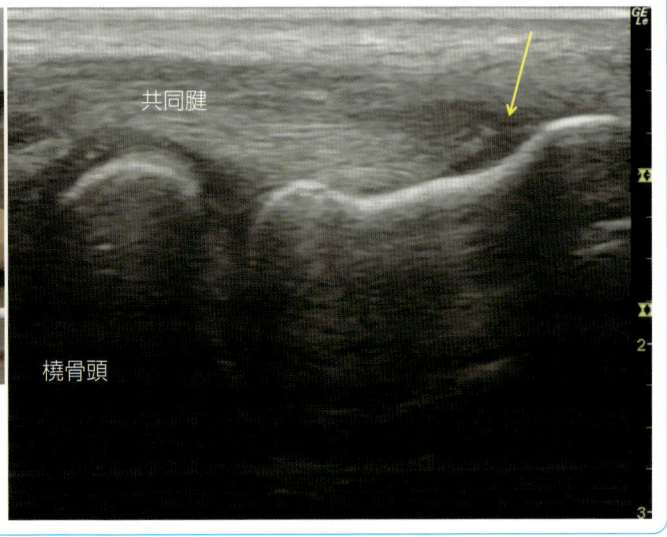

内上顆炎，ゴルフ肘，フォアハンドテニス肘

◆症例 21　32 歳，男性．ゴルフ愛好家（図Ⅲ-25）

毎日のゴルフ練習で右肘痛が出現した．内側上顆を起始とする屈筋回内筋群の腱付着部における腫脹と低エコーが確認された．同部の低エコー領域も限局しており，エコー下注射が有効であった．

図Ⅲ-25　症例 21：内上顆炎

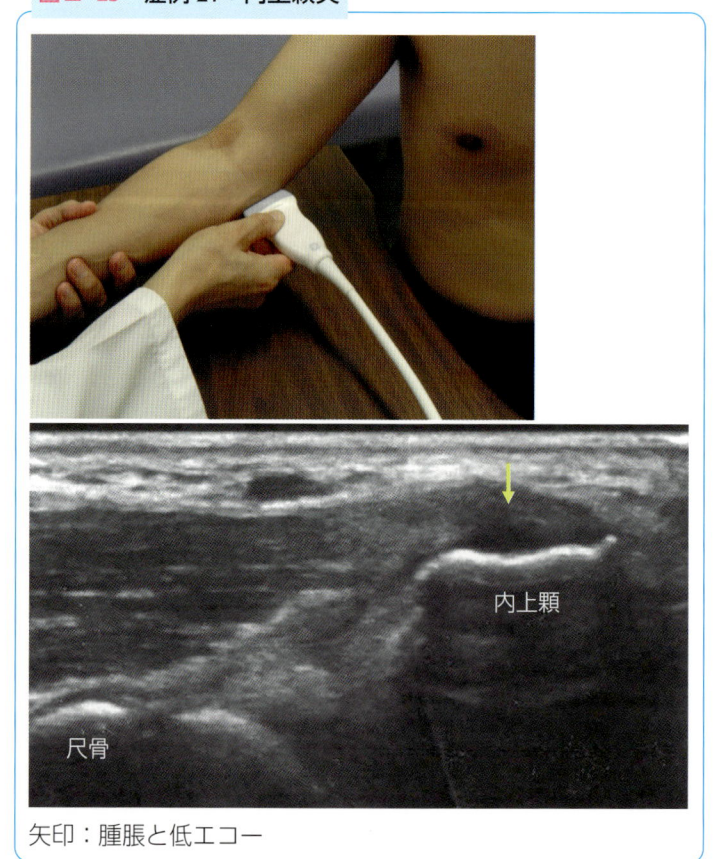

内上顆
尺骨

矢印：腫脹と低エコー

肘部管症候群(図Ⅲ-26, 27)

　尺骨神経溝を短軸で観察し尺骨神経の短軸像を得る(図Ⅲ-6, p.53)．ここで肘をゆっくり伸展屈曲し，神経の脱臼の有無を確認する．そこから尺骨神経の長軸像をプローブを回転させて得る．尺側神経の狭窄部位や偽神経腫をとらえる(図Ⅲ-27)．特にStruther's arcadeとOsborne靱帯(尺側手根屈筋腱弓)周辺の太さの変化を観察する．

図Ⅲ-26　尺骨神経脱臼症例

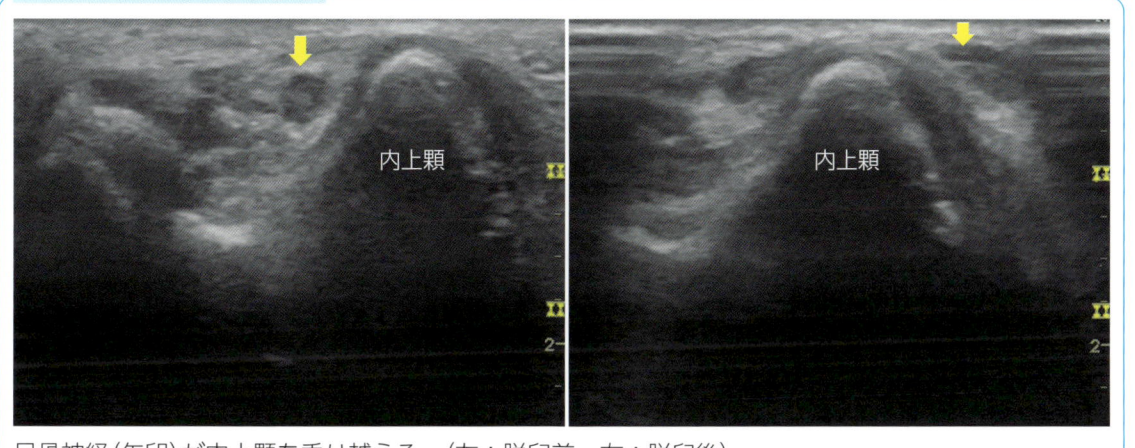

尺骨神経(矢印)が内上顆を乗り越える．(左：脱臼前、右：脱臼後)

図Ⅲ-27　肘部管症候群の尺骨神経長軸像

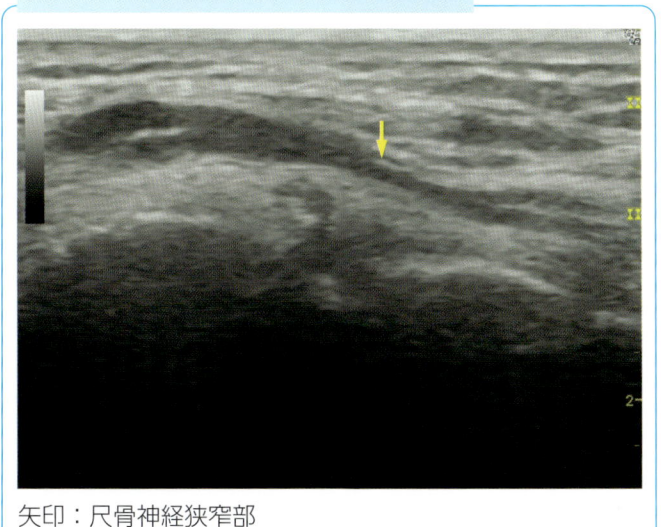

矢印：尺骨神経狭窄部

肘滑膜ヒダ障害

滑膜ヒダを長軸でとらえ，不整，断裂像などを得る．

◆**症例 22**　27歳，プロ野球ピッチャー（図Ⅲ-28）
　肘伸展時の痛みを後外側部に訴え，超音波像で滑膜ヒダの不整と同部の圧痛を認めたため，滑膜ヒダ障害の診断でヒアルロン酸を関節内注射し症状は軽快した．

テクニックノート

　肘内側上顆炎でも，骨表面の低エコーか屈筋回内筋群近位の実質の低エコーかを確認する．外側上顆も近位か遠位かで側副靱帯が絡むか否かを確認し，注射を打つ際にも超音波下で確認して行うと，より効果的である．

図Ⅲ-28　症例22：肘滑膜ヒダ障害

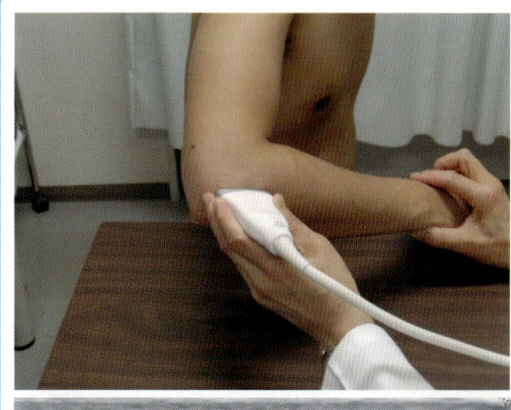

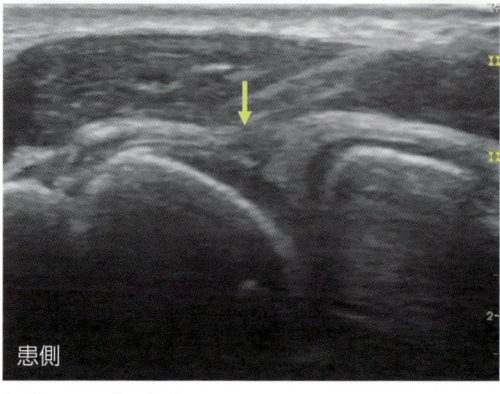

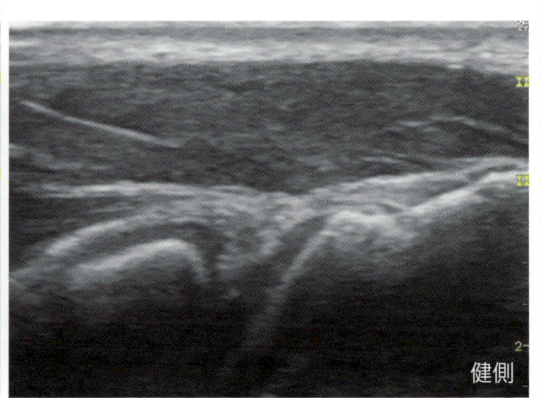

患側　　　　　　　　　　　　　　健側

矢印：ヒダ，損傷

上腕筋遠位部損傷

◆症例 23　36歳，男性．筋肉トレーニング愛好家（図Ⅲ-29）

　　肘屈曲トレーニングで右肘痛出現．肘屈曲時痛を訴え圧痛が同部に存在した．超音波像で上腕筋や上腕二頭筋の筋腱移行部の低エコーを呈している症例が多い．

図Ⅲ-29　症例 23：上腕筋遠位部損傷

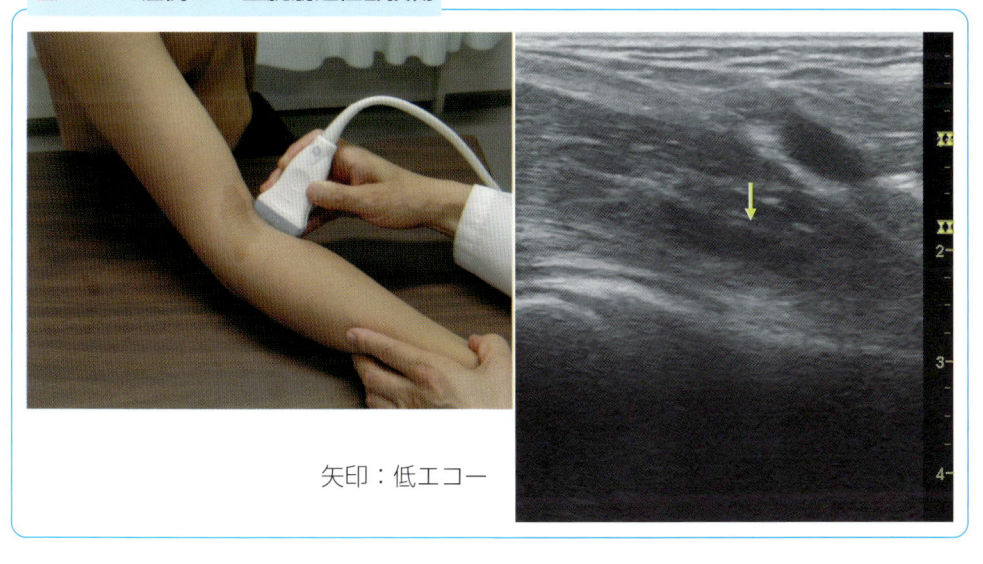

矢印：低エコー

肘関節遊離体（図Ⅲ-30）

肘頭窩や後外側関節裂隙に存在することが多い．肘の動きで遊離体が移動することを確認する．

> **テクニックノート**
>
> 遊離体を発見したら必ず肘をゆっくり動かして遊離体がどのような挙動を示すか確認する．遊離体が動かない場合は骨棘の可能性もあり，また，ロッキングする頻度が少ないと判断して良い．

図Ⅲ-30　肘頭窩の遊離体

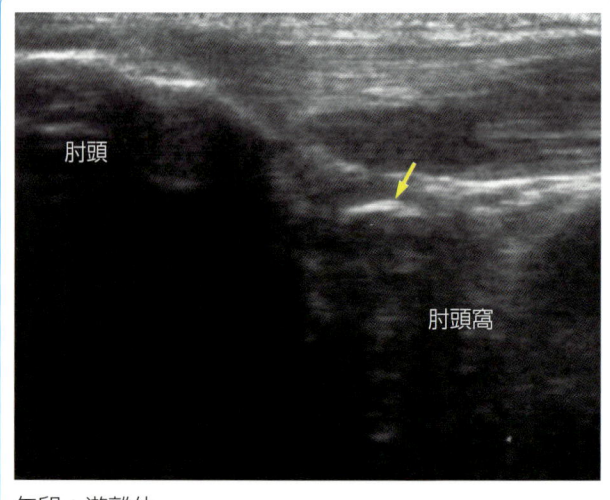

矢印：遊離体

文 献

Ⅲ-1) Sugimoto K, et al.：Ultrasonographic evaluation of the ulnar collateral ligament. J JaSOU. 6：187-188, 1994.
Ⅲ-2) 杉本勝正ほか：肘内側側副靱帯損傷の自然経過．J JaSOU. 9：15-19, 1997.
Ⅲ-3) Sasaki J, et al.：Ultrasonographic assessment of the ulnar collateral ligament and medial elbow laxity in college baseball players. J Bone Joint Surg Am. 84-A：525-531, 2002.

これでわかる！スポーツ損傷超音波診断　肩・肘＋α

Ⅳ プラスαの知識
―ケースライブラリ―

IV. プラス α の知識—ケースライブラリ—
1. 手・指関節

マレットフィンガー(図IV-1)

バレーボール選手に多く，末節部の伸筋腱断裂または伸筋腱付着部末節骨骨折．超音波像では背側からDIP関節の小さな骨片や低エコー像を描出する．

図IV-1 マレットフィンガー

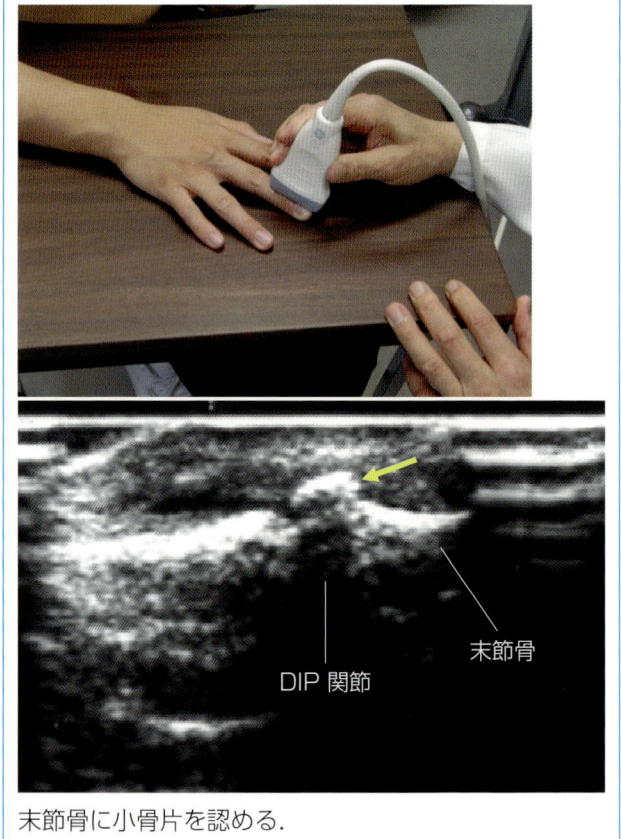

DIP 関節
末節骨

末節骨に小骨片を認める．
矢印：DIP 関節背側の小骨片

三角線維軟骨複合体（TFCC）損傷

　TFCCは三角線維軟骨，尺側側副靱帯，三角靱帯，橈尺靱帯から構成される（図Ⅳ-2）．臨床症状において尺側のストレステストで陽性かつ周囲の腱に炎症症状を認めない場合に疑う．裂隙が狭く尺骨茎状突起が超音波診断の妨げになり，鮮明な画像が得られにくい．背側，掌側，尺側からプローブを当て裂隙を開くようにして検査し，損傷断裂部を描出する．尺骨茎状突起周囲，三角骨周囲に低エコーが存在する場合に損傷を疑う（図Ⅳ-3）．

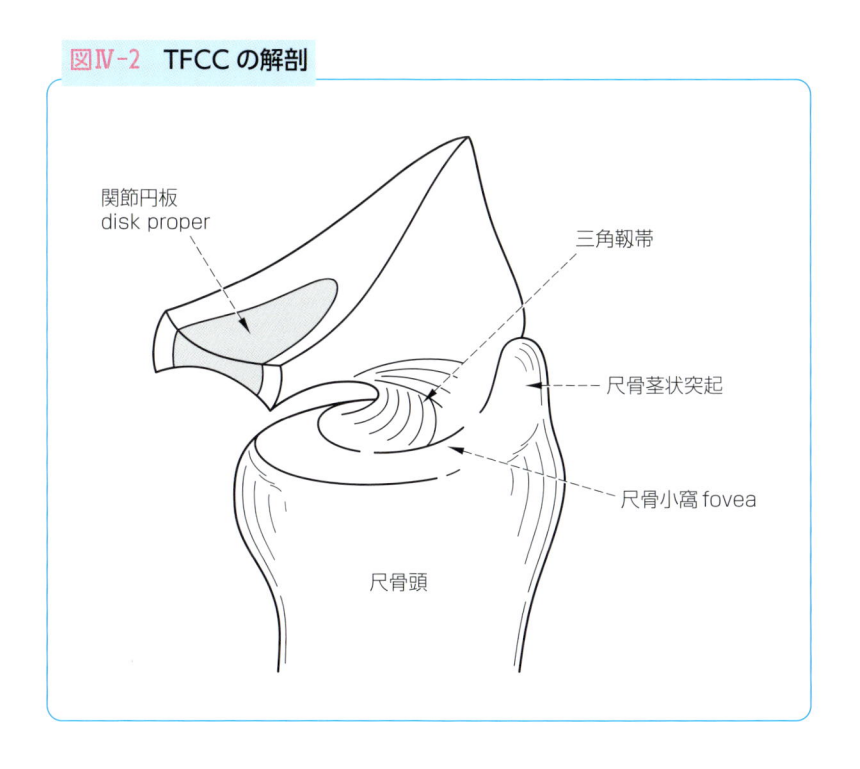

図Ⅳ-2　TFCCの解剖

図Ⅳ-3　TFCC損傷

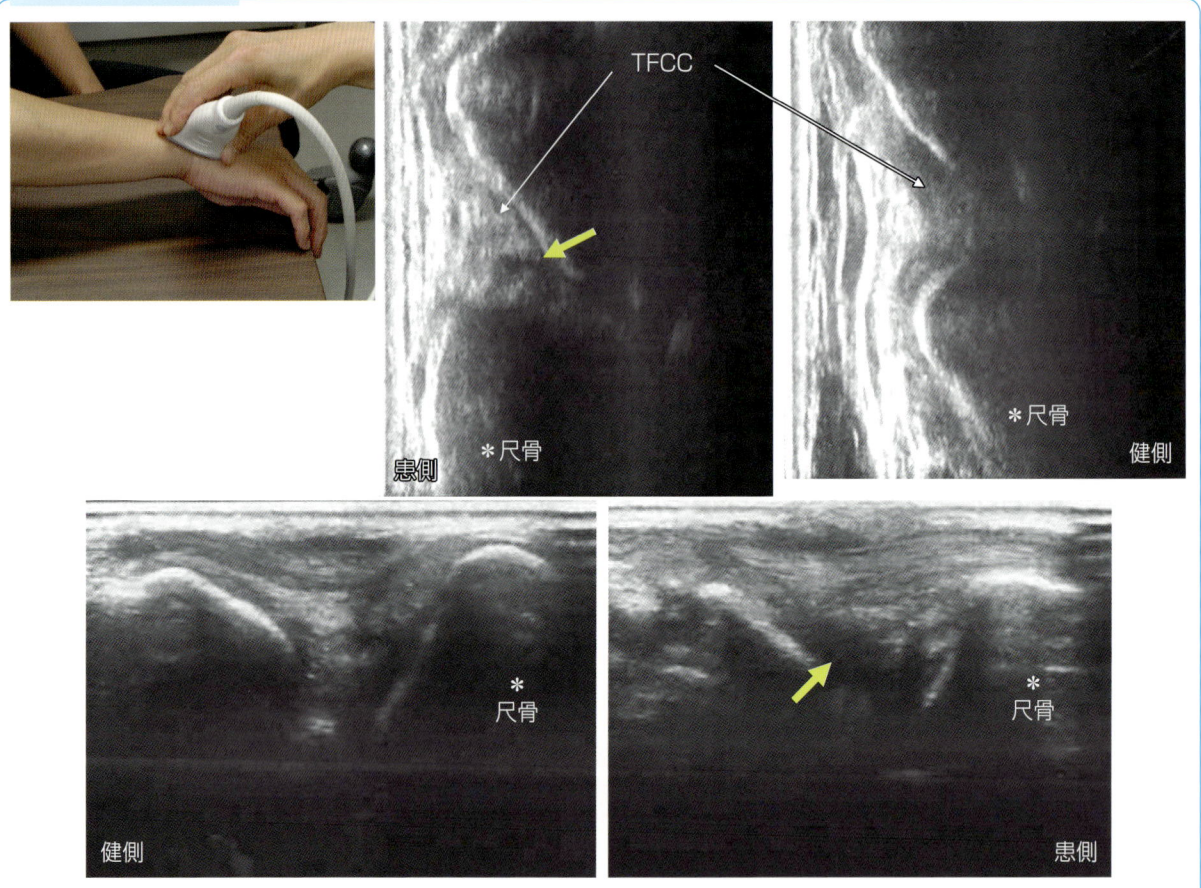

健側に存在しない低エコー像（矢印）が存在する．

図Ⅳ-4　症例24：TFCC損傷

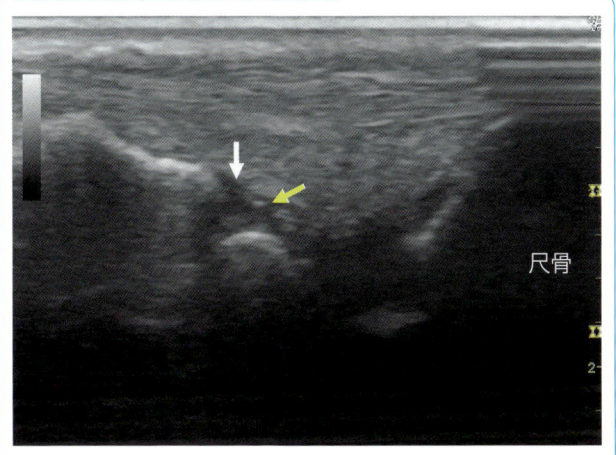

TFCCの低エコー像（白矢印）と微小な高エコー（黄矢印）を確認した．

◆**症例24**　26歳，実業団野球，野手（図Ⅳ-4）

　　バットスイングを多数回してから手関節尺側に疼痛が出現した．超音波像で手関節内にTFCCの低エコー像と微小な粒子を確認した．TFCCの損傷と関節炎の診断にて，手関節のテーピング指導をし，練習負荷を少なくして症状は軽快した．

テクニックノート

　　尺骨の茎状突起が邪魔なので尺側手根伸筋腱（ECU）をまず長軸でとらえ，その下層に月状骨表面が鮮明に描出される方向で評価する．関節裂隙を少し開大，縮小して動態観察すると低エコー像や小さな軟骨遊離体などをとらえることができる．

de Quervain 病（図Ⅳ-5）

橈骨茎状突起直上（背側第一区画）に存在する長母指外転筋腱（APL）と短母指伸筋腱（EPB）周囲の低エコーを長軸，短軸像でとらえる．

図Ⅳ-5 de Quervain 病

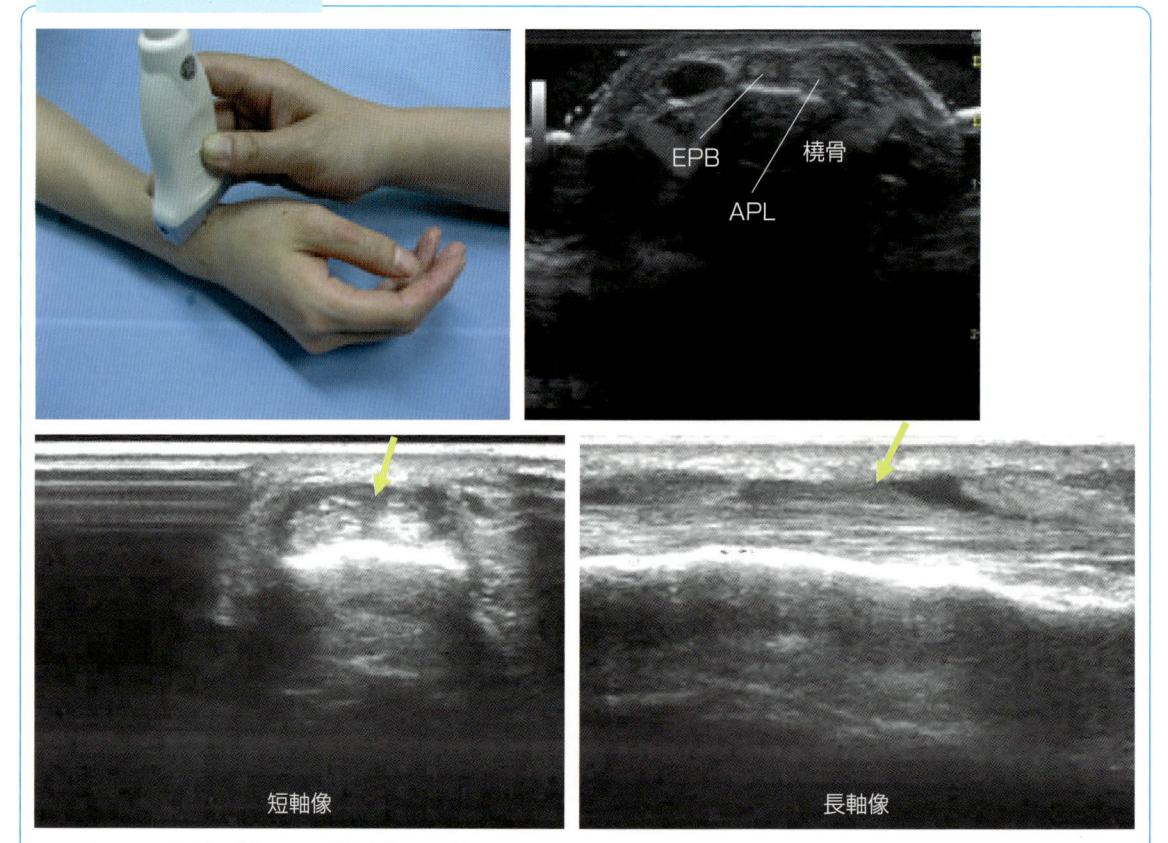

APL と EPB 周囲の低エコー（矢印）を長軸，短軸像でとらえる．
（左上写真：eSmart Trainer；GE ヘルスケア・ジャパンより転載）

尺側手根伸筋腱（ECU）炎，脱臼（図Ⅳ-6）

　尺骨茎状突起直上（手関節背側第6区画）にある ECU が尺骨表面を移動する状況を，手関節回外位で自動尺屈させて動態検査する．尺骨上の ECU 周囲に低エコー像を認め，手関節尺屈により ECU が亜脱臼することが確認できる．

図Ⅳ-6　尺側手根伸筋腱（ECU）脱臼

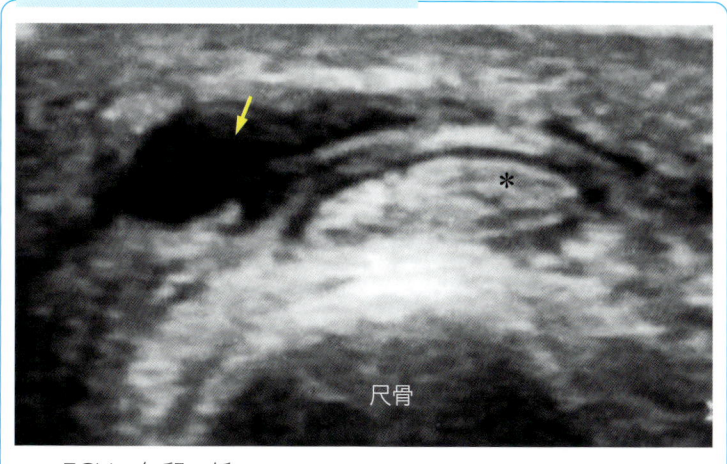

＊：ECU，矢印：低エコー

有鉤骨鉤骨折（図Ⅳ-7）

有鉤骨鉤突起先端を描出し，急性期にはその基部周辺の血腫や浮腫を低エコーとしてとらえる．慢性期は鉤突起の先端を超音波で確認し，ピンポイントの圧迫を加え疼痛を誘発させて診断する．突型プローブによる直接圧迫による誘発も診断に有効である．

図Ⅳ-7 有鉤骨鉤骨折

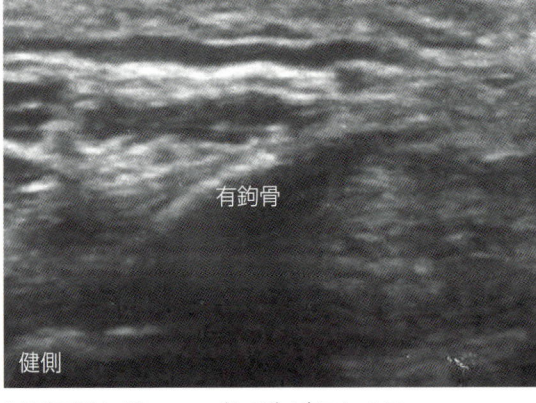

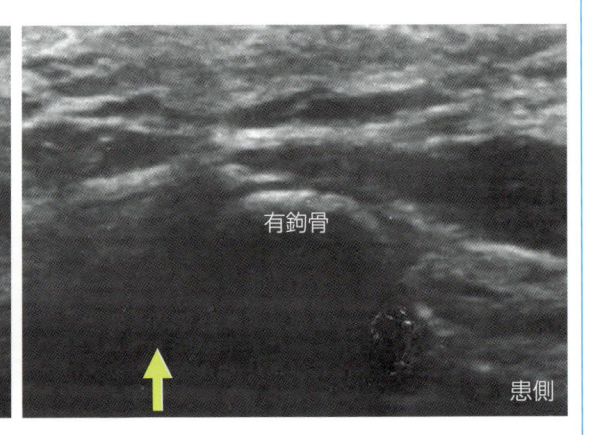

基部周辺に低エコー(矢印)が存在する．

スキー(ポール)サム(母指) (図Ⅳ-8)

　ストックの握りとストラップの間に挟まり母指に外転強制力が働き生じる，母指 MP 関節尺側側副靱帯損傷または靱帯付着部裂離骨折．
　超音波像で MP 関節の浮腫，外反ストレスによる動揺性を確認する．

図Ⅳ-8　スキー(ポール)サム(母指)

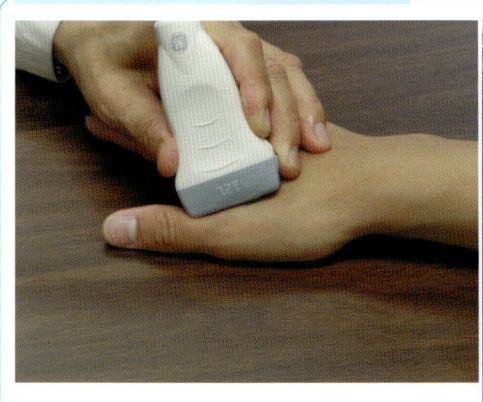

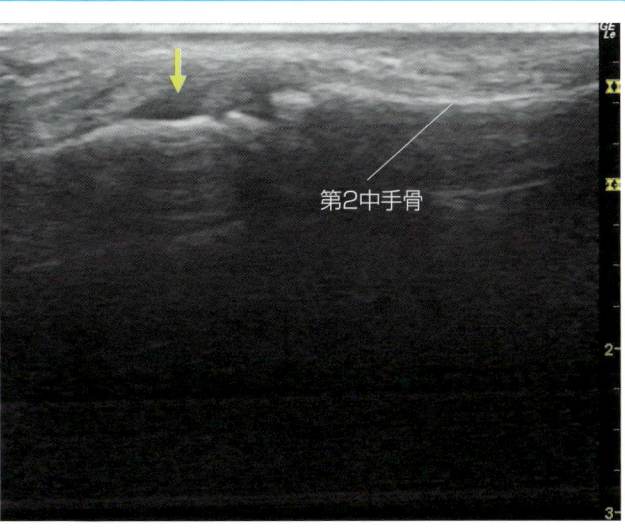

母指 MP 関節尺側側副靱帯に，腫脹と低エコー(矢印)を認める．

◆症例25　15歳，ソフトボール，野手（図Ⅳ-9）
　突き指の診断で2か月治療を受けていたが，第2指PIP関節の腫脹，疼痛が退かないため当院受診．尺側側副靱帯に剥離損傷が存在したためテーピング指導し，スポーツを続行させた．1か月で腫脹，疼痛は改善した．

図Ⅳ-9　症例25：指側副靱帯損傷

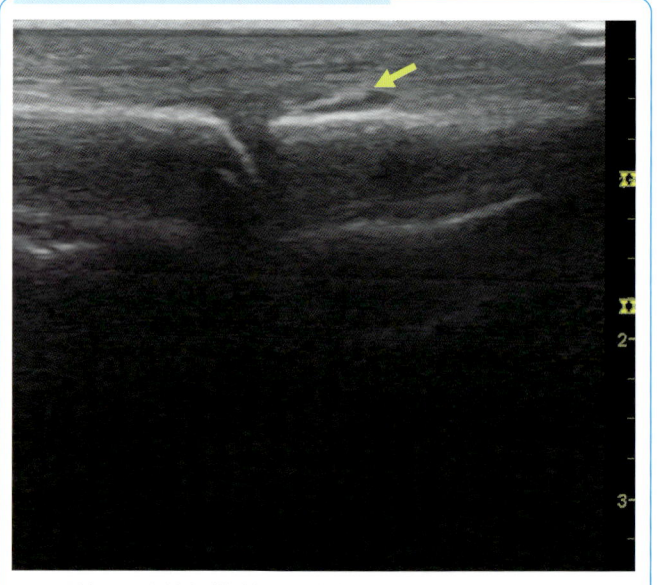

PIP関節の尺側側副靱帯に剥離損傷を認める．
矢印：剥離骨片

Ⅳ. プラスαの知識―ケースライブラリ―
2. 骨盤・股関節・体幹

上前腸骨棘・下前腸骨棘・坐骨結節・腸骨稜裂離骨折(図Ⅳ-10)

　　上前腸骨棘は大腿筋膜張筋と縫工筋，下前腸骨棘は大腿四頭筋の直筋，坐骨結節にはハムストリング(大腿二頭筋，半腱様筋，半膜様筋)，腸骨稜には多裂筋，腰方形筋，内外腹斜筋がそれぞれ起始し，その牽引力により生じる．骨の表面形状は個体差や年齢差が大きいので左右を比較する必要がある．

図Ⅳ-10　下前腸骨棘裂離骨折

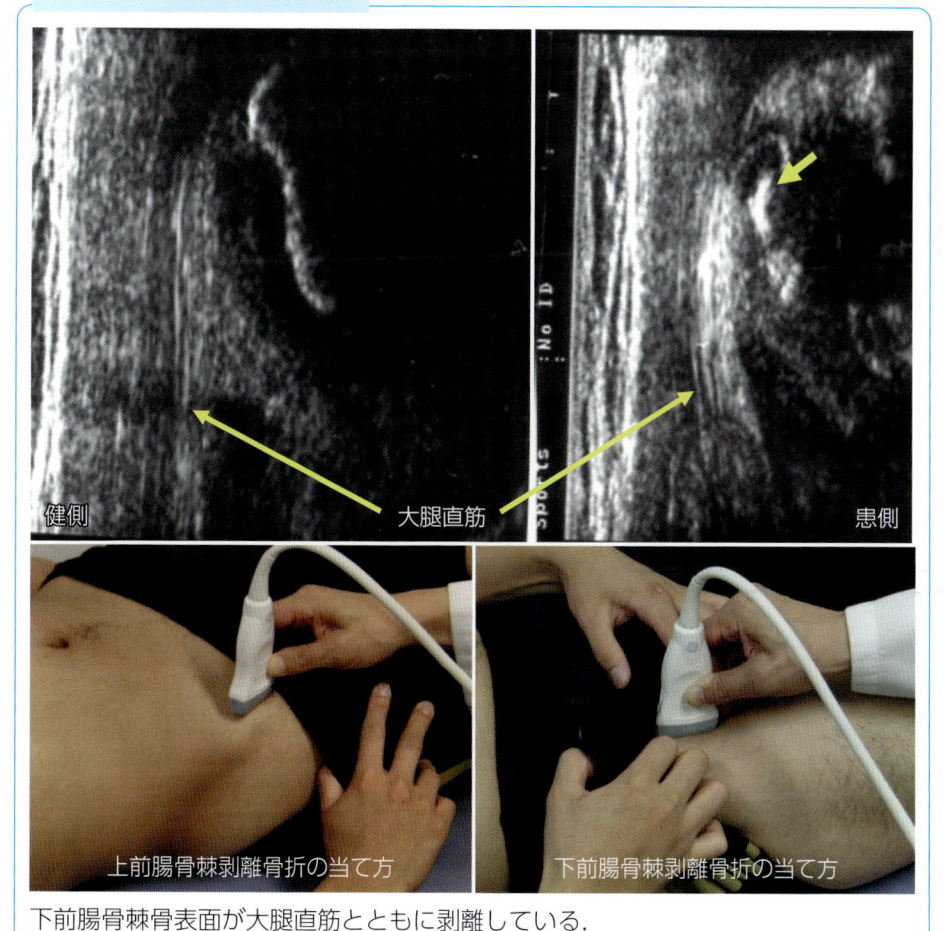

健側　　　大腿直筋　　　患側

上前腸骨棘剥離骨折の当て方　　　下前腸骨棘剥離骨折の当て方

下前腸骨棘骨表面が大腿直筋とともに剥離している．
矢印：剥離移動した下前腸骨棘骨片

股関節 impingement（図Ⅳ-11）

　前方，外側の関節唇や臼蓋縁の不整像を描出する．大腿骨頸部の腫脹の有無で股関節の水腫の有無を確認できる．

図Ⅳ-11　股関節 impingement

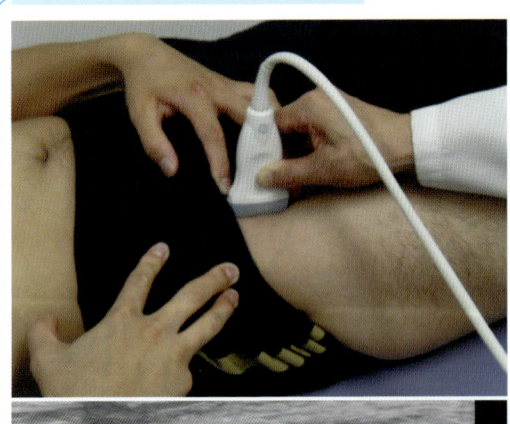

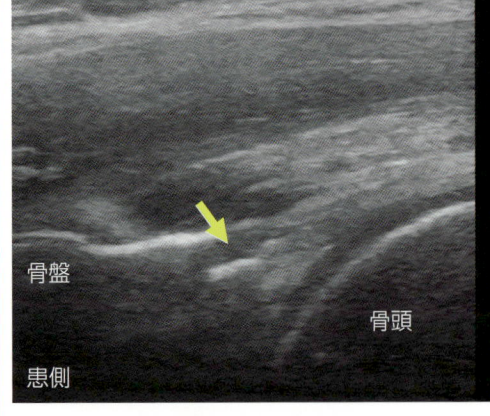

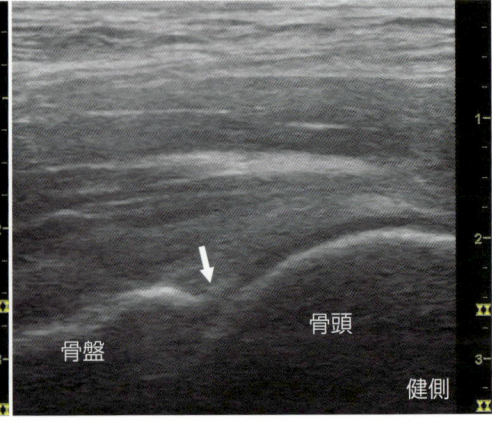

臼蓋縁に不整を認める（黄矢印）．
白矢印：正常関節唇

腸腰筋，大腿直筋損傷（図Ⅳ-12）

サッカーなどで地面を蹴ったときなどに起こりやすい．長軸で股関節前面のそれぞれの筋肉の腫脹と低エコーの有無を確認する．

図Ⅳ-12 腸腰筋，大腿直筋損傷

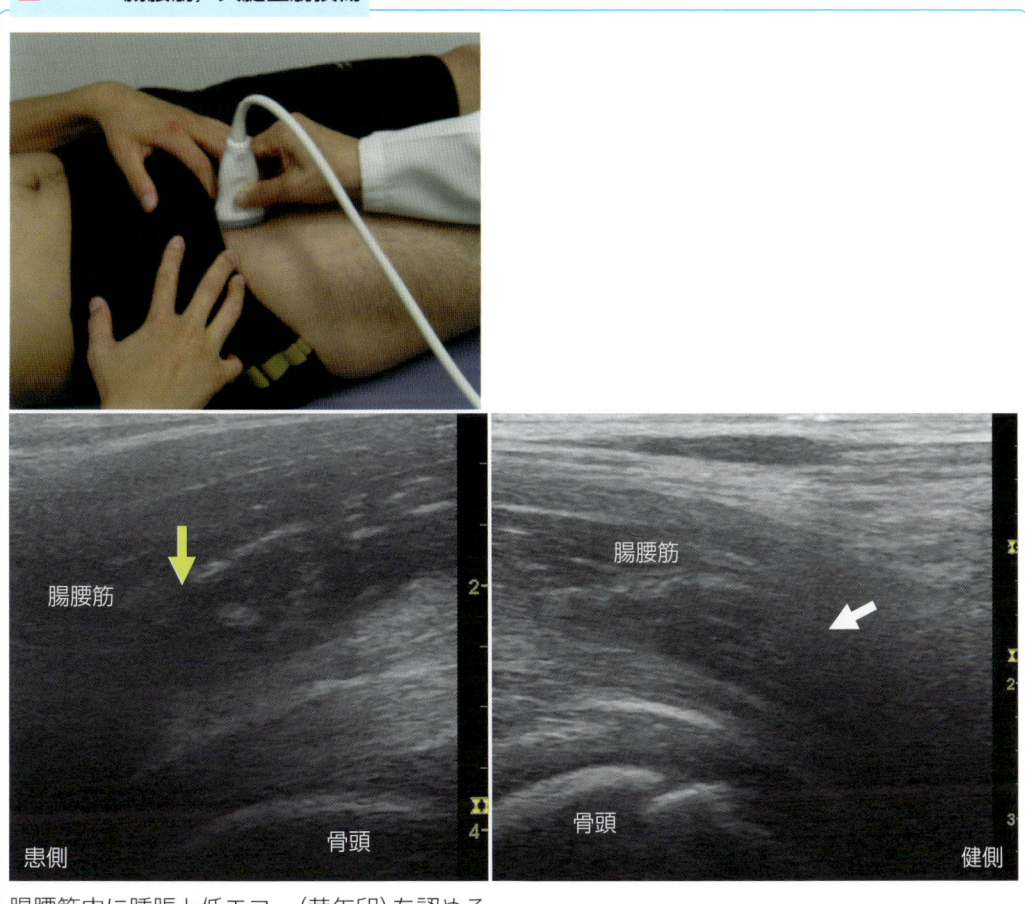

腸腰筋内に腫脹と低エコー（黄矢印）を認める．
白矢印：実質内患部にある低エコーが存在しない．

多裂筋損傷（図Ⅳ-13）

　筋・筋膜性腰痛症で左右比較すると低エコーとして描出される．圧痛が限局して存在するときに左右比較すると損傷部位がわかりやすい．

図Ⅳ-13　多裂筋損傷

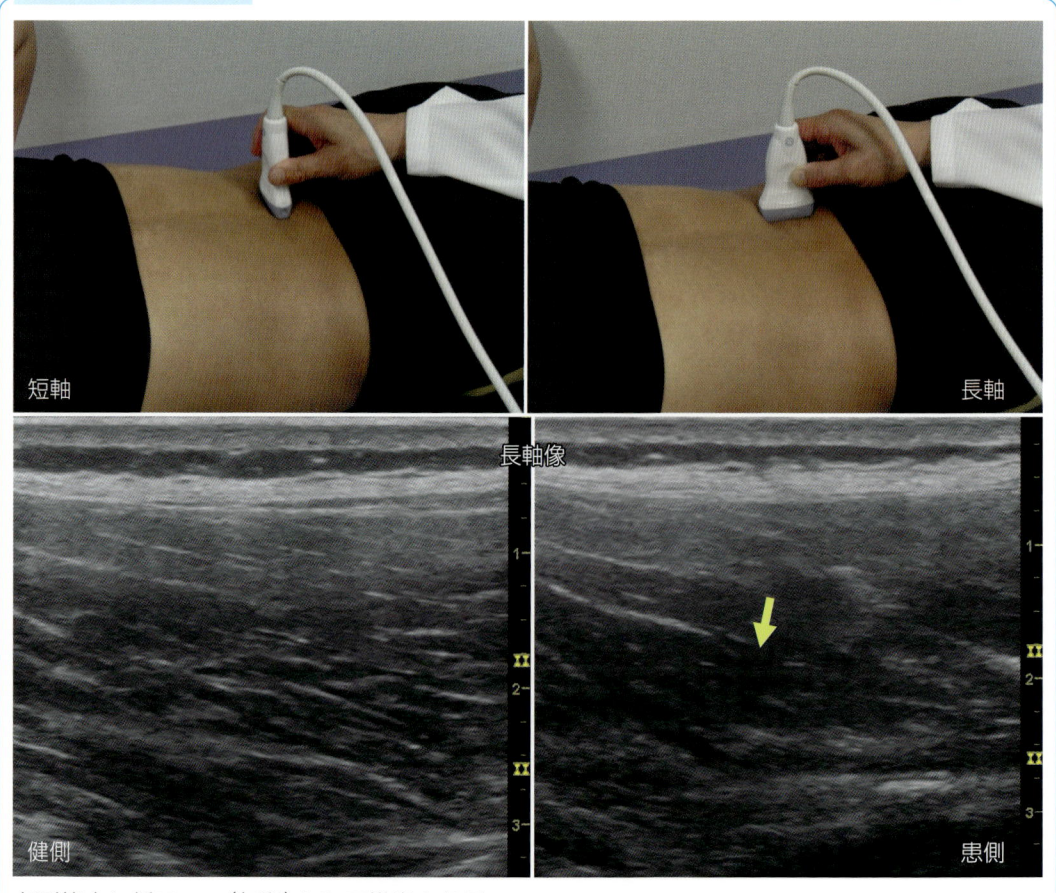

多裂筋内に低エコー（矢印）として描出される．

腰椎分離症（図Ⅳ-14）

棘突起から椎弓に沿ってプローブを当て分離部を描出する．腰伸展時痛が強く，圧痛が棘突起に存在するときに分離症を疑う．必ず両側，上下椎弓も描出し，比較する．

図Ⅳ-14　腰椎分離症

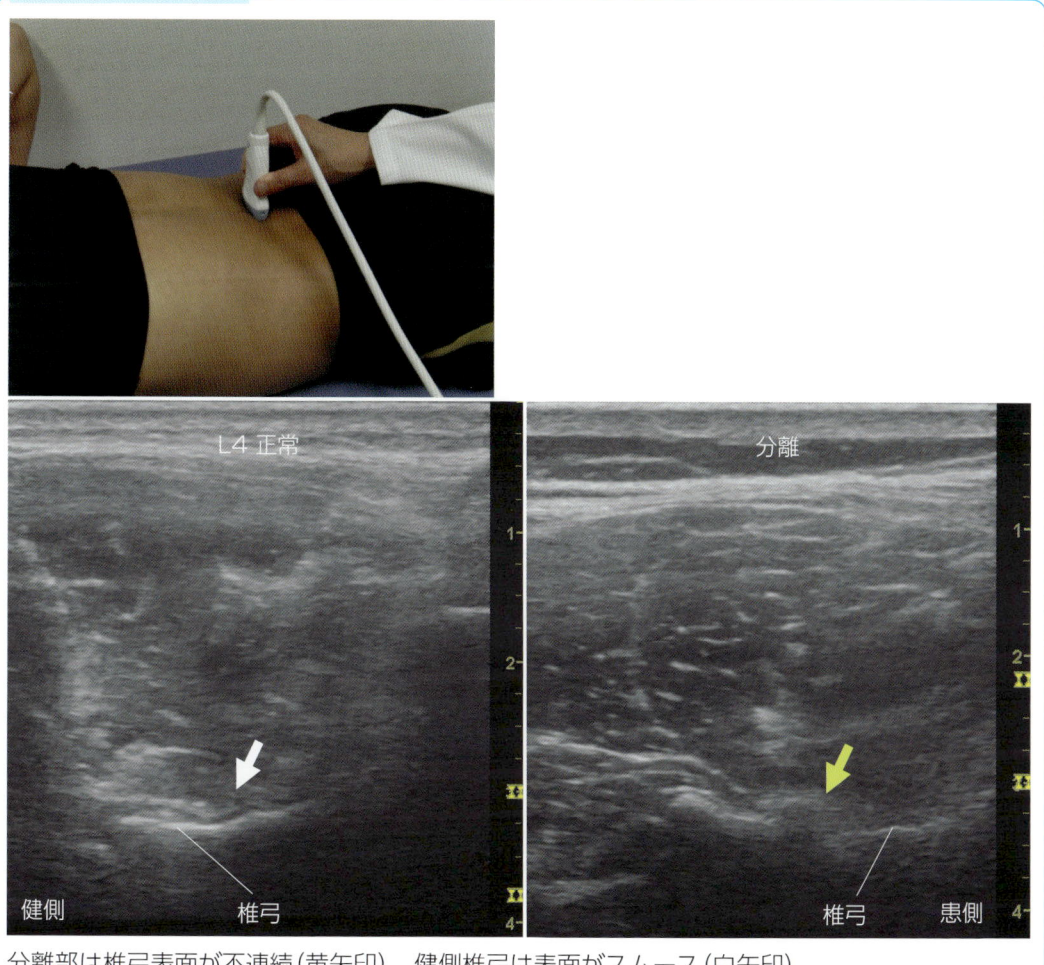

分離部は椎弓表面が不連続（黄矢印）．健側椎弓は表面がスムース（白矢印）

2．骨盤・股関節・体幹

腹直筋損傷（図Ⅳ-15）

バレー選手に多い．レシーブなどでフロアーに腹部を圧迫されたときや，無理な体勢でスパイクやブロックをした際に生じる．

図Ⅳ-15　腹直筋損傷

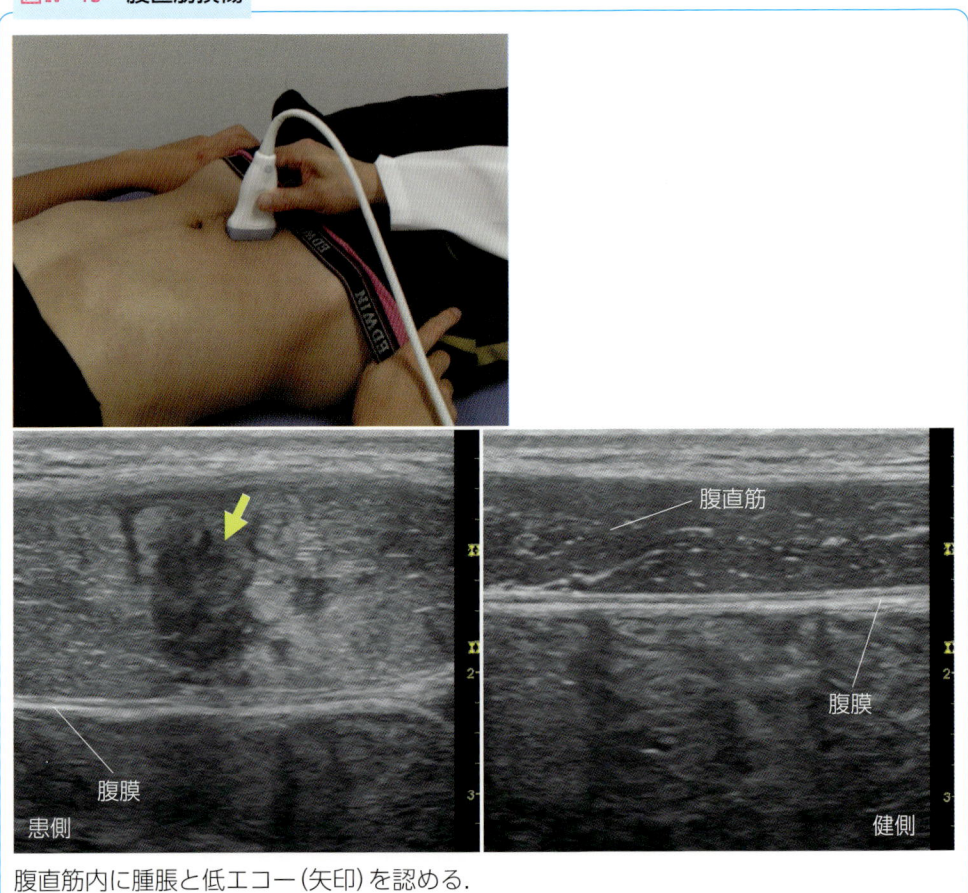

腹直筋内に腫脹と低エコー（矢印）を認める．

IV. プラスαの知識―ケースライブラリ―
3. 膝関節

半月板損傷（図IV-16）

内側は前方から後方まで比較的明瞭に観察できる．外側は膝窩筋腱や外側側副靱帯のために後方は描出しづらい．リニアプローブでなく小型コンベックスプローブで描出されることがある．

図IV-16　半月板損傷

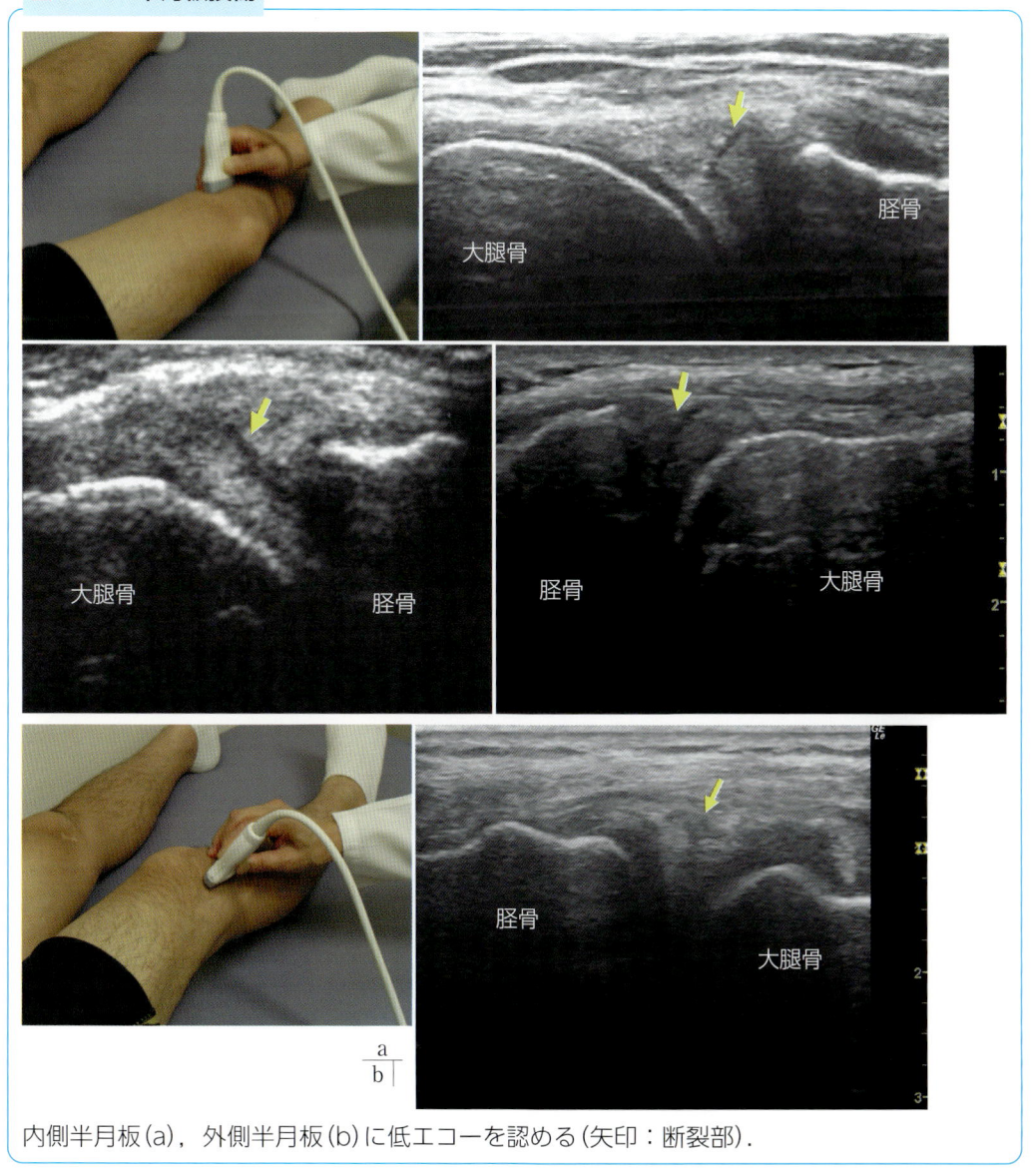

内側半月板（a），外側半月板（b）に低エコーを認める（矢印：断裂部）．

Parameniscal ganglion（図Ⅳ-17）

　半月板損傷部位に隣接してガングリオンが出現する症例も多い．超音波ガイド下に穿刺ステロイド注射が有効である．

図Ⅳ-17　Parameniscal ganglion

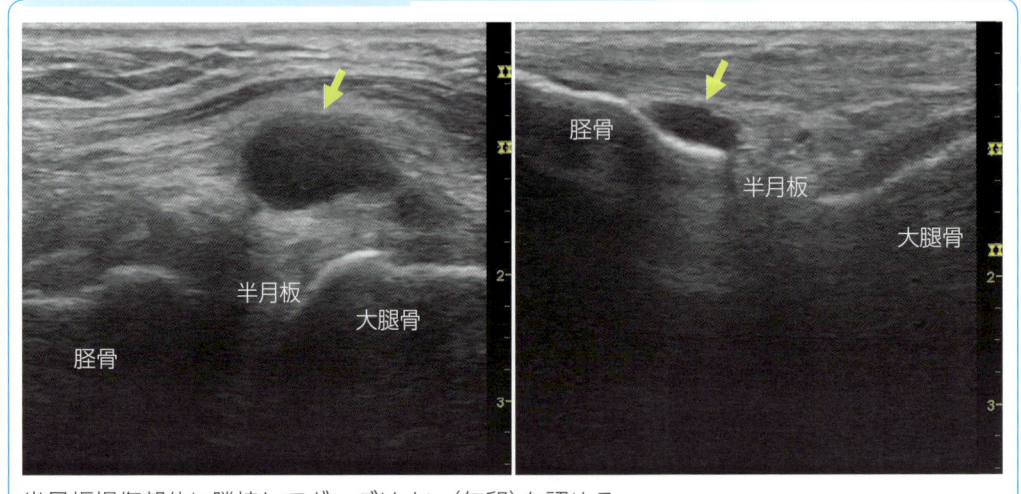

半月板損傷部位に隣接してガングリオン（矢印）を認める．

膝内側側副靱帯損傷（図Ⅳ-18）

長軸で靱帯を描出し，大腿骨，脛骨付着部の損傷をとらえる．浅層か深層か，半月板との関係を注意深く観察する．骨表面のエコーを明瞭になるようにプローブを固定すると観察しやすい．

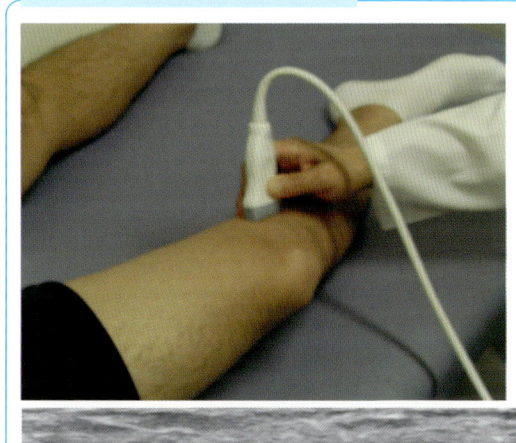

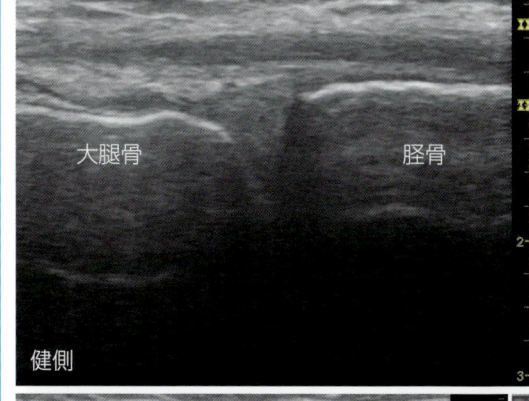

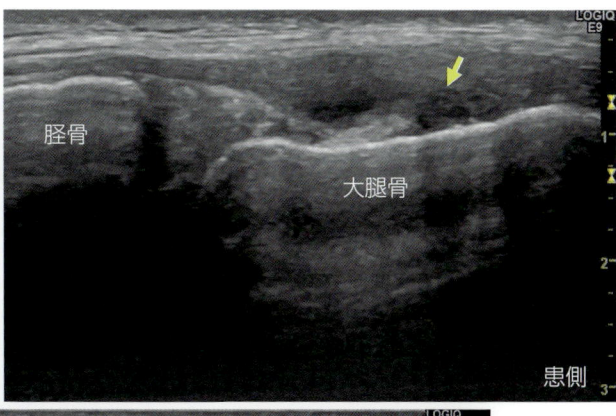

図Ⅳ-18 膝内側側副靱帯損傷

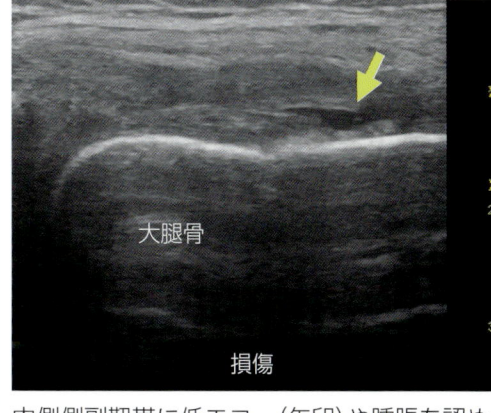

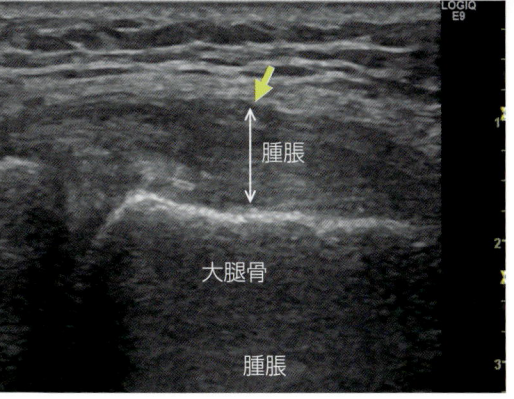

内側側副靱帯に低エコー（矢印）や腫脹を認める．

内側膝蓋大腿靱帯（MPFL）損傷（図Ⅳ-19）

膝蓋骨脱臼，亜脱臼でみられる．実質部の断裂や膝蓋骨側の剥離を伴う場合がある．

図Ⅳ-19 内側膝蓋大腿靱帯（MPFL）損傷

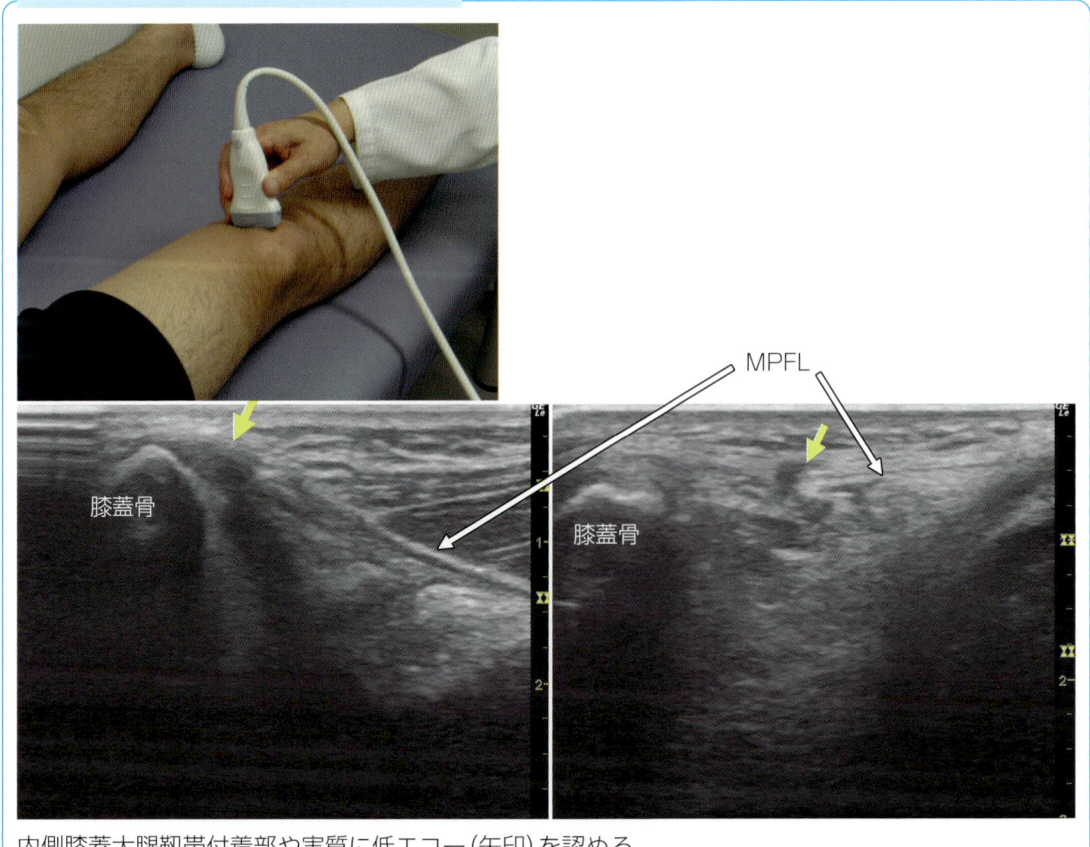

内側膝蓋大腿靱帯付着部や実質に低エコー（矢印）を認める．

ランニング膝(図Ⅳ-20)

ランニングによる腸脛靱帯炎．腸脛靱帯実質部の変化よりも，大腿外側上顆部の腸脛靱帯下面の滑液包に低エコーを認める症例が多い．

図Ⅳ-20 ランニング膝

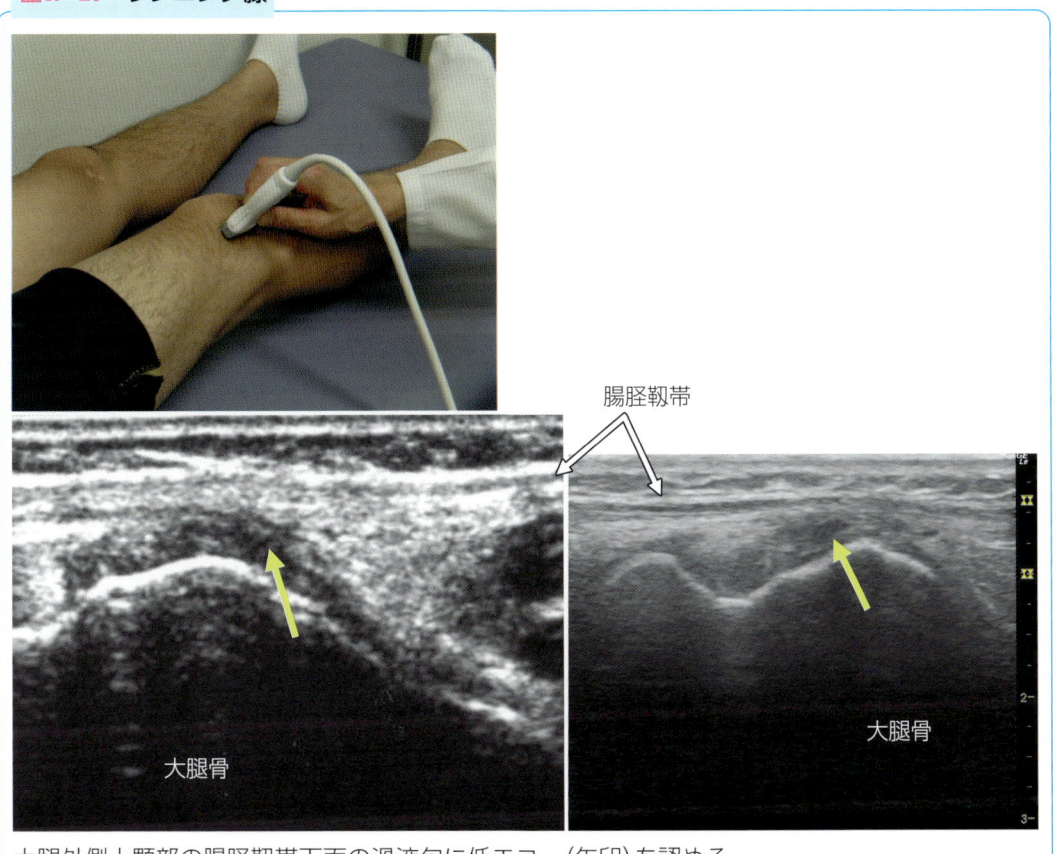

大腿外側上顆部の腸脛靱帯下面の滑液包に低エコー(矢印)を認める．

ジャンパー膝
（Sinding-Larsen-Johansson 病）(図Ⅳ-21)

ジャンプやランニング動作で生じる膝蓋靱帯炎．膝蓋骨下端の膝蓋靱帯付着部の低エコーと腫脹を認める．

図Ⅳ-21 ジャンパー膝

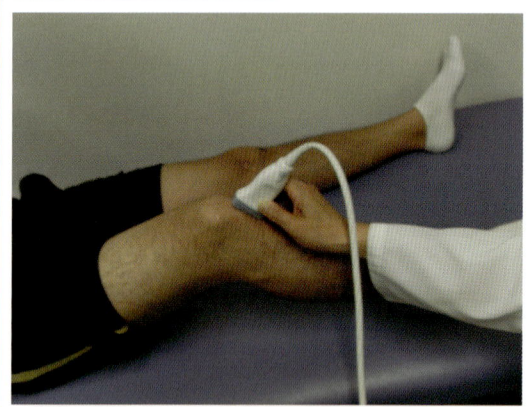

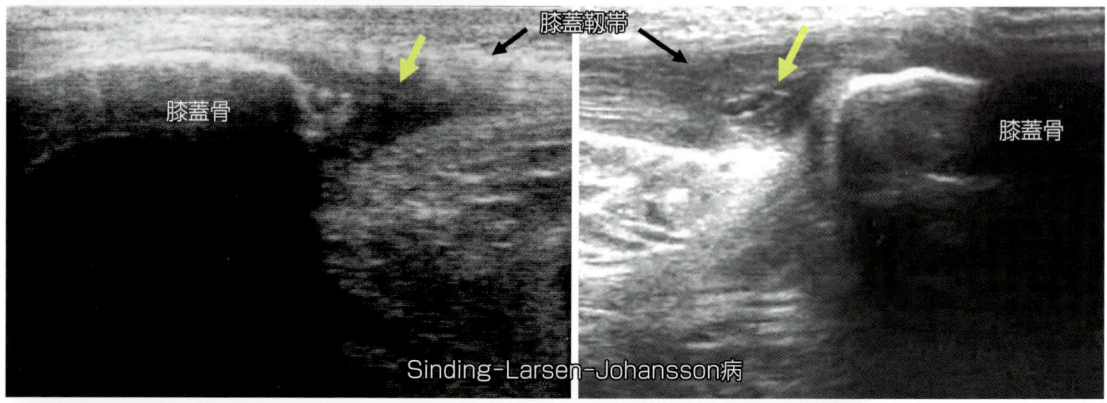

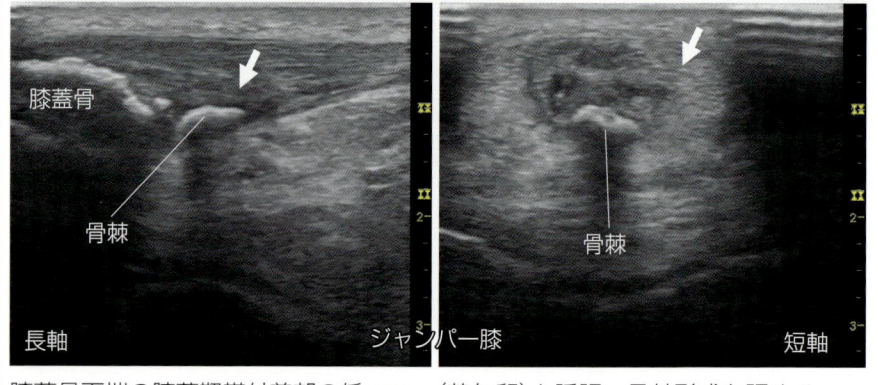

膝蓋骨下端の膝蓋靱帯付着部の低エコー（黄矢印）と腫脹，骨棘形成を認める．
白矢印：骨棘と周囲の腫脹

Osgood 病（Osgood-Schlatter 病）(図Ⅳ-22)

　小学校高学年〜中学生に好発する脛骨粗面の骨端症．脛骨粗面に低エコーを認める．脛骨近位骨端線に近いので骨端線損傷を Osgood 病と誤診しないように注意する．骨端線損傷の場合は圧痛が骨端線に沿って広く存在し，超音波で低エコーを認める．

図Ⅳ-22　Osgood 病

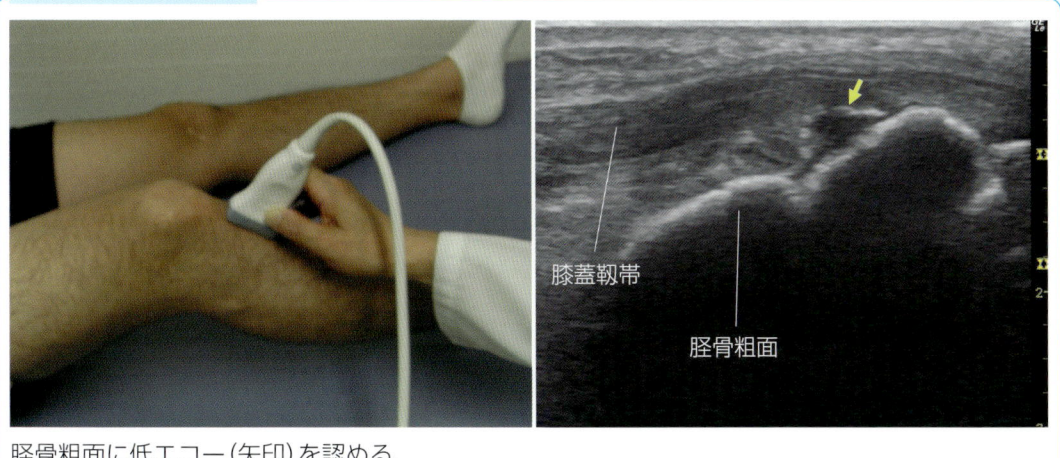

脛骨粗面に低エコー（矢印）を認める．

有痛性分裂膝蓋骨

膝蓋骨の骨皮質が不連続かつ同部に圧痛を認める．エコー上，裂隙に低エコーが存在する．

◆**症例 26**　12 歳，男子（図Ⅳ-23）

　左膝痛を訴え来院．前医にて分裂膝蓋骨と診断されていた．超音波上分裂部には低エコーは存在せず，外側広筋の停止部に低エコーが存在し圧痛も筋肉側に存在したため，外側広筋損傷と診断した．

図Ⅳ-23　症例 26：分裂膝蓋骨＋外側広筋損傷

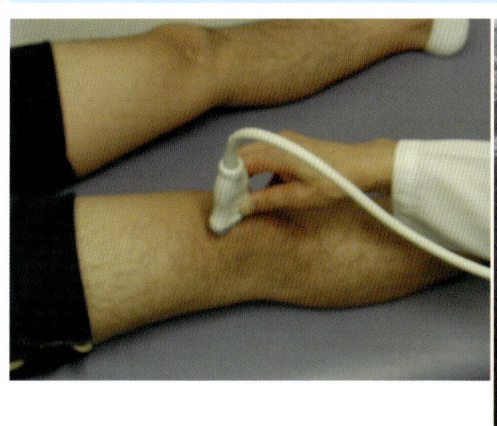

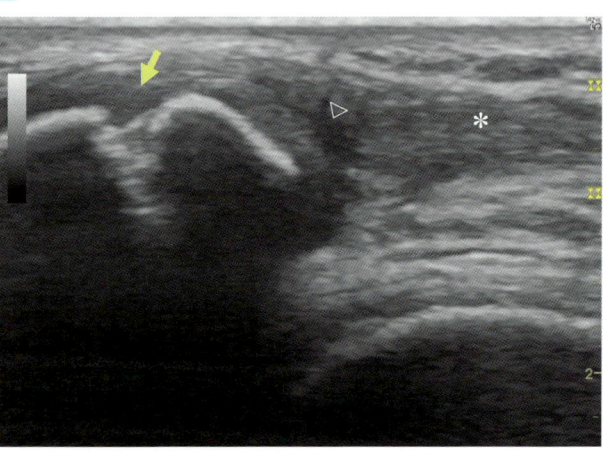

分裂部には低エコーは存在せず，外側広筋の停止部に低エコーが存在する．
（矢印：分裂部，＊：外側広筋，矢頭：低エコー）

鵞足炎（図Ⅳ-24）

ランニングにより生じやすい，鵞足部の圧痛．同部に低エコーと腫脹を認める．

図Ⅳ-24 鵞足炎

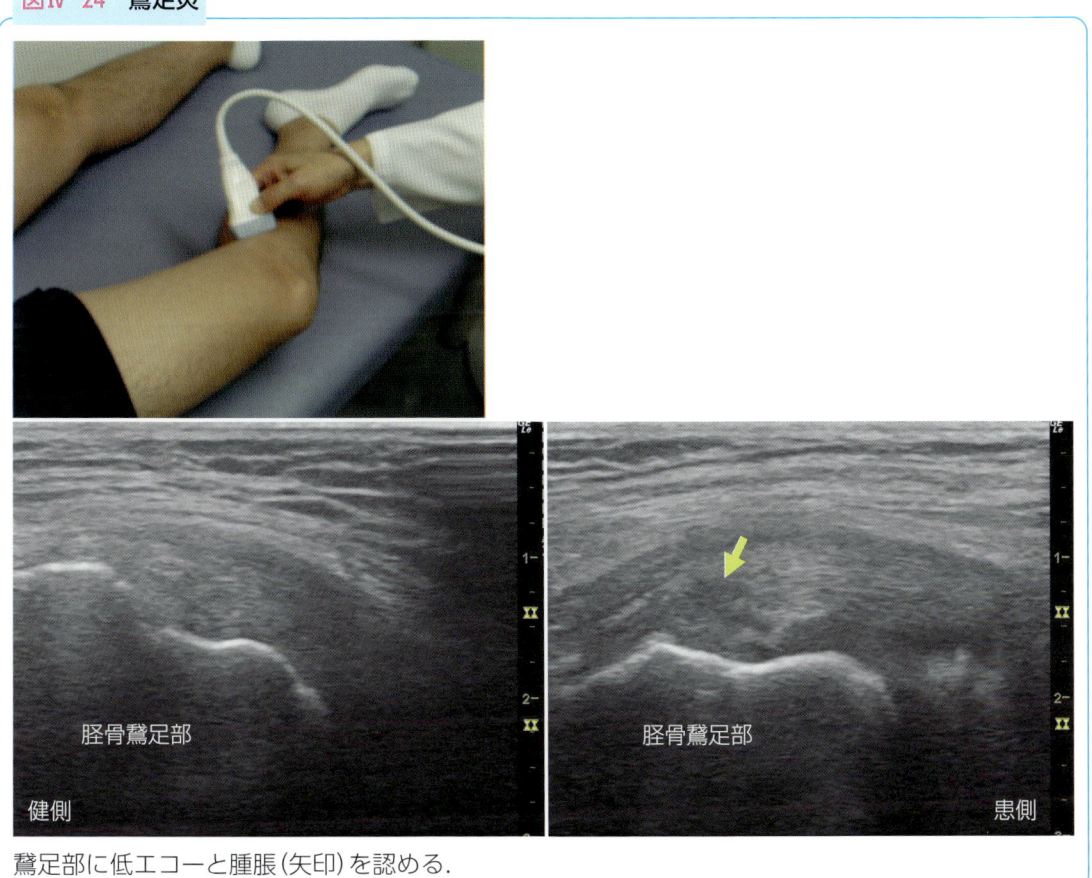

鵞足部に低エコーと腫脹（矢印）を認める．

膝前十字靱帯(ACL)損傷に伴う Segond 骨折(図Ⅳ-25)

ACL 全体の描出は困難であるが，合併する Segond 骨折は明瞭に描出できる．

図Ⅳ-25 膝前十字靱帯(ACL)損傷に伴う Segond 骨折

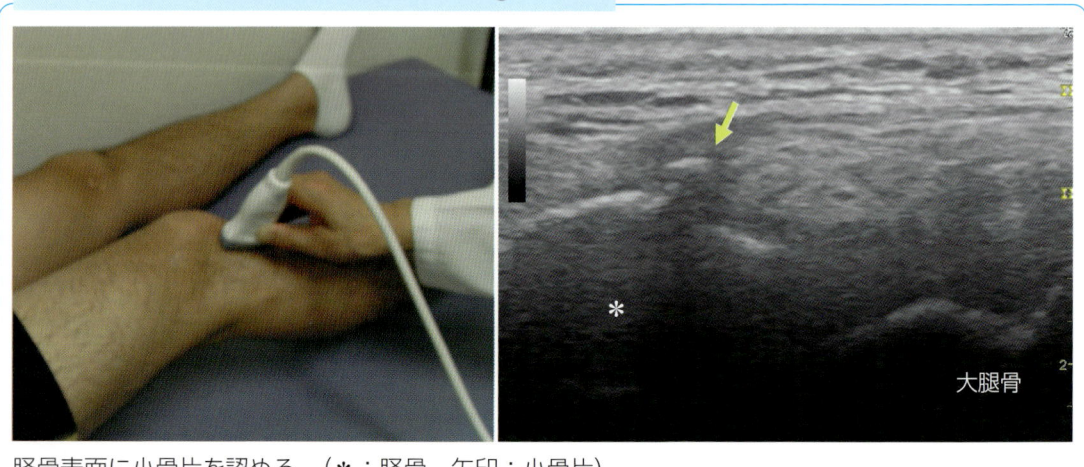

脛骨表面に小骨片を認める．(＊：脛骨，矢印：小骨片)

IV. プラスαの知識 —ケースライブラリ—
4. 下　腿

シンスプリント（図Ⅳ-26）

脛骨後内側中1/3〜下1/3にかけての疼痛症状と同部の圧痛．
ランニングで起こるヒラメ筋，後脛骨筋，長趾屈筋などの腱膜付着部炎．脛骨内側部の低エコー腫脹の出現．超音波像では2つのタイプ，筋膜肥厚タイプと筋実質タイプがある．

図Ⅳ-26　シンスプリント

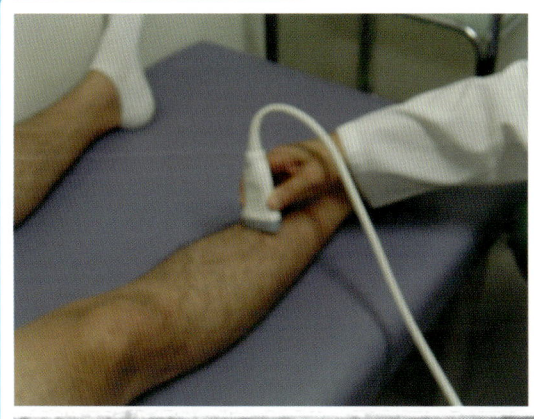

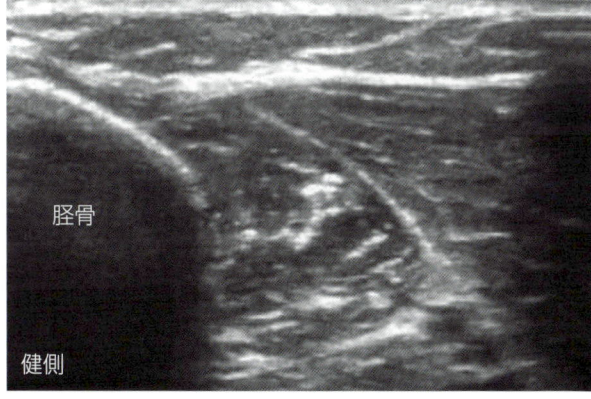

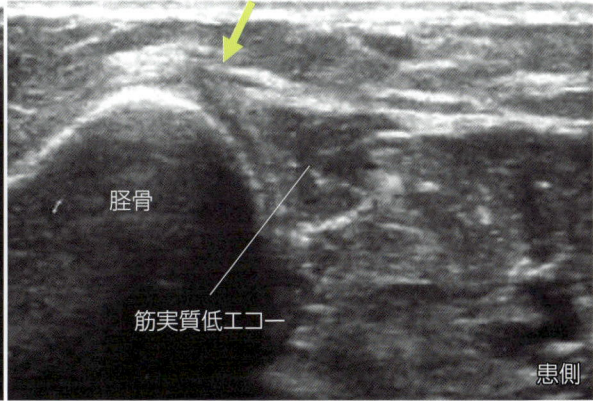

脛骨内側部の低エコー腫脹の出現．超音波像で筋膜肥厚（矢印）を認める．

脛骨・腓骨・足関節内果疲労骨折（図Ⅳ-27）

早期には骨折部の骨膜に腫脹肥厚を認める．

図Ⅳ-27 脛骨疲労骨折と下肢疲労骨折発生部位

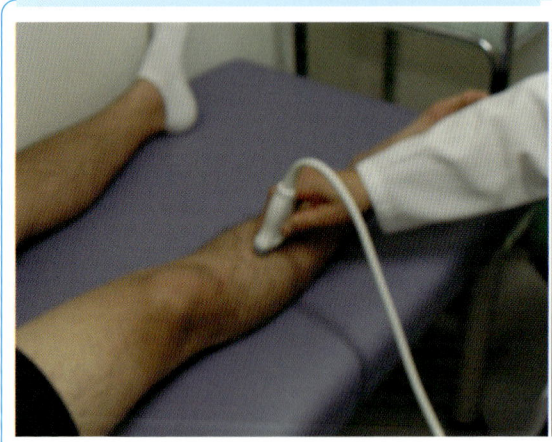

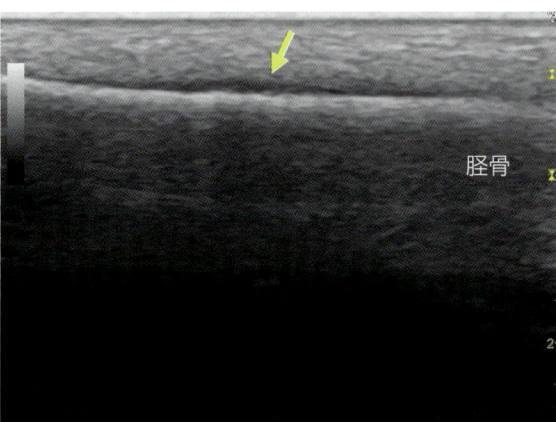

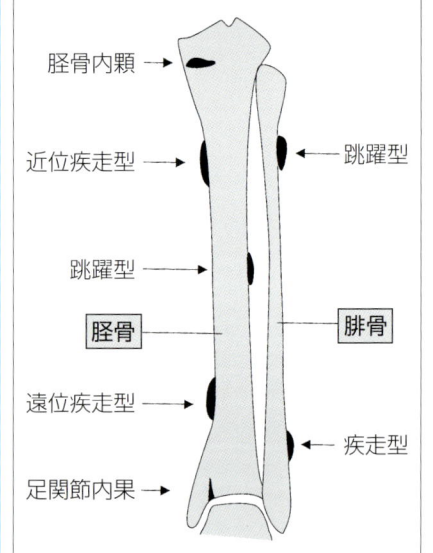

a：脛骨骨膜に低エコー（矢印）を認める．
b：下肢疲労骨折発生部位

アキレス腱炎（図Ⅳ-28）

アキレス腱周囲，特に腱表層に低エコー，時に実質にも一部低エコーや高エコーを認める．図Ⅳ-28は高度なアキレス腱炎で全周に低エコーを認める．

図Ⅳ-28　アキレス腱炎

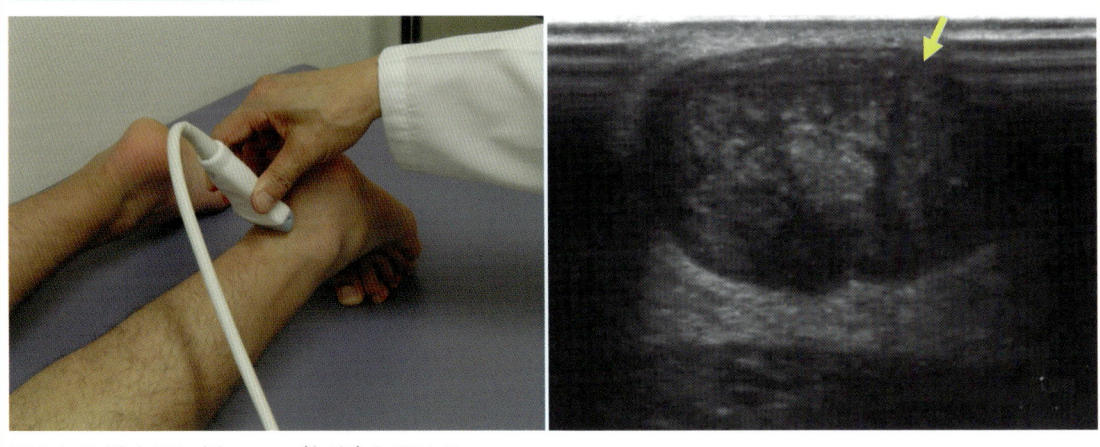

アキレス腱全周に低エコー（矢印）を認める．

アキレス腱断裂

腱の不連続，血腫形成を認める．

◆症例 27　40歳，男性

スカッシュで受傷．保存的治療を望まれたため，超音波にて経過観察した．受傷後3か月でほぼ全快した（図Ⅳ-29）．

図Ⅳ-29　症例 27：アキレス腱断裂

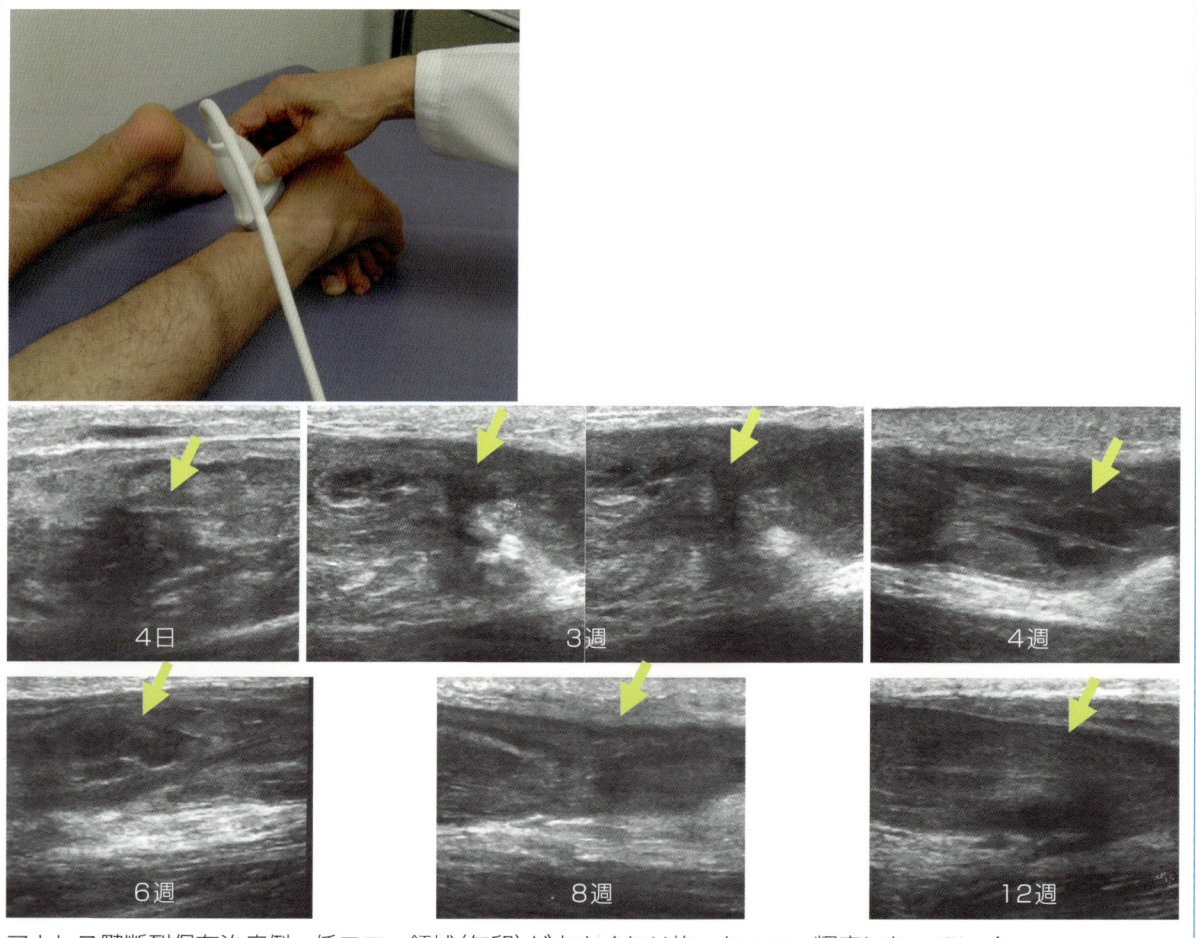

アキレス腱断裂保存治療例．低エコー領域（矢印）が小さくなり均一なエコー輝度になっていく．

テニスレッグ（図Ⅳ-30）

下腿三頭筋の腓腹筋内側頭の部分断裂．同部の低エコーを確認する．

図Ⅳ-30 テニスレッグ

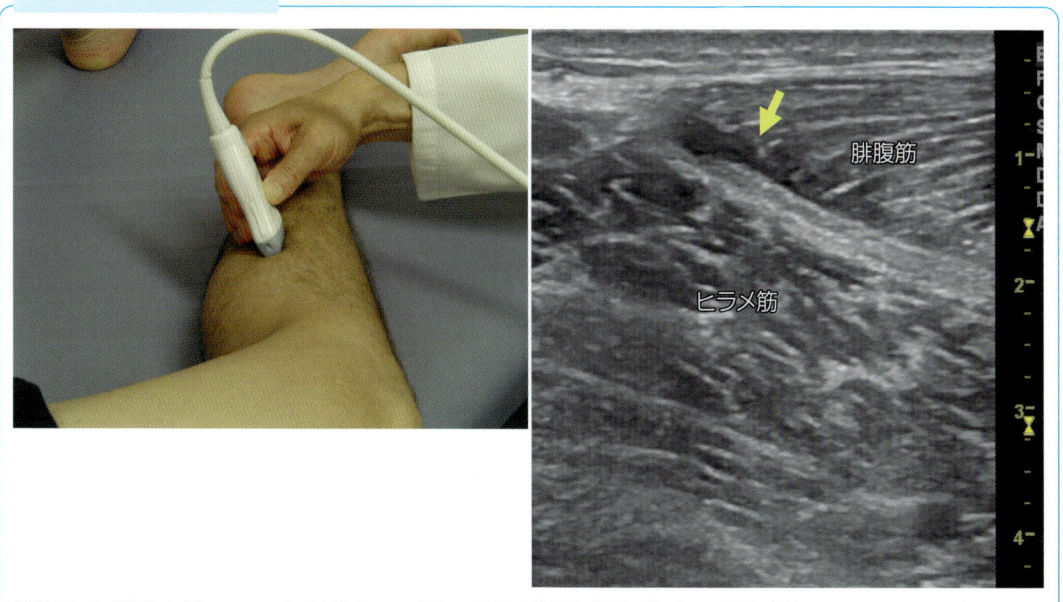

腓腹筋内側頭の低エコーを確認する．図の部位が好発部位（矢印：損傷部）

Ⅳ. プラスαの知識―ケースライブラリ―
5. 足関節・足

足関節捻挫，靱帯損傷

　前距腓靱帯（図Ⅳ-31），三角靱帯，前脛腓靱帯（図Ⅳ-32），踵腓靱帯（図Ⅳ-33）損傷などが多い．それぞれの靱帯部および周辺の低エコーをとらえる．

図Ⅳ-31　前距腓靱帯損傷

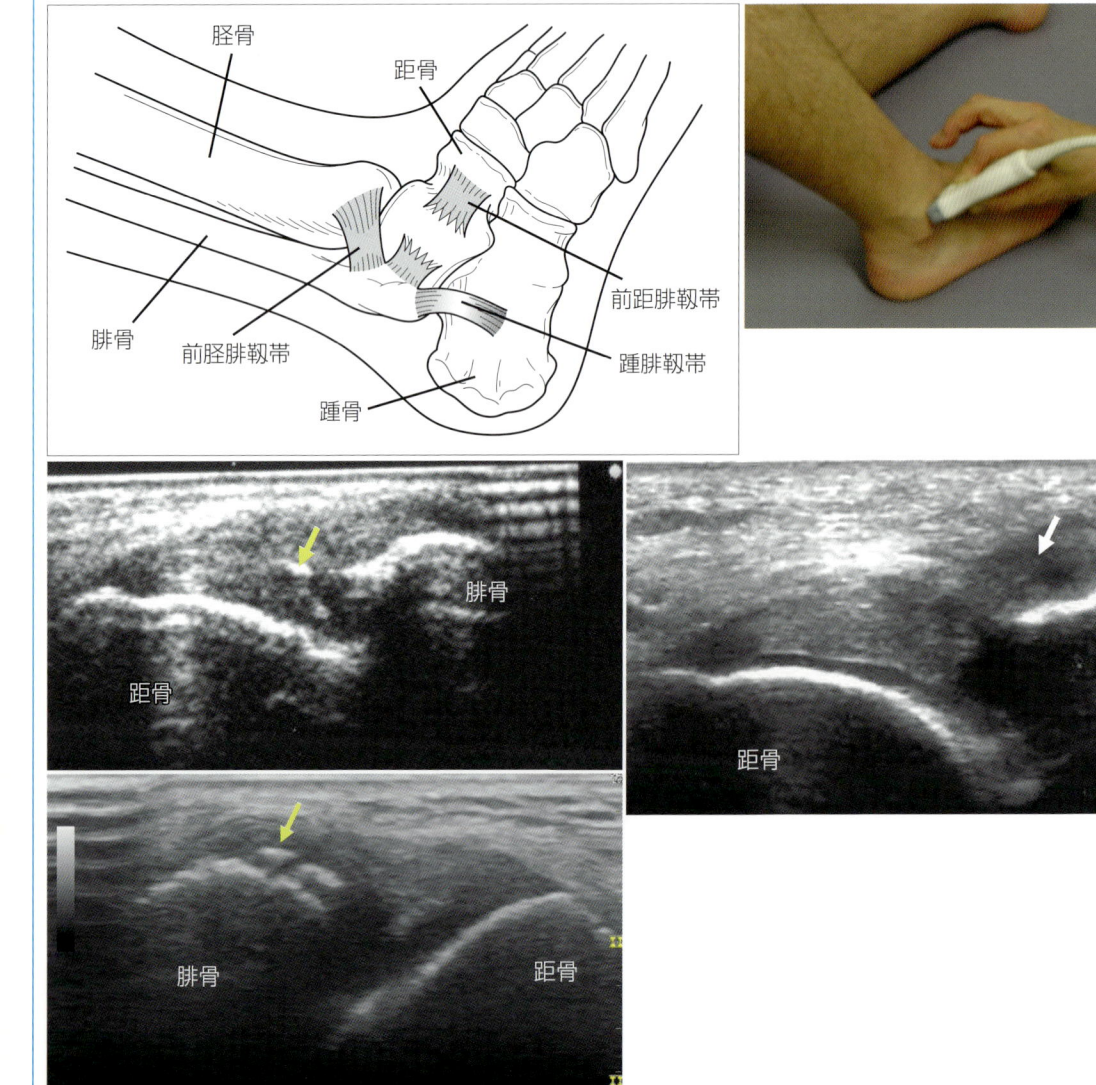

前距腓靱帯に小骨片（黄矢印）や低エコー（白矢印）を認める．

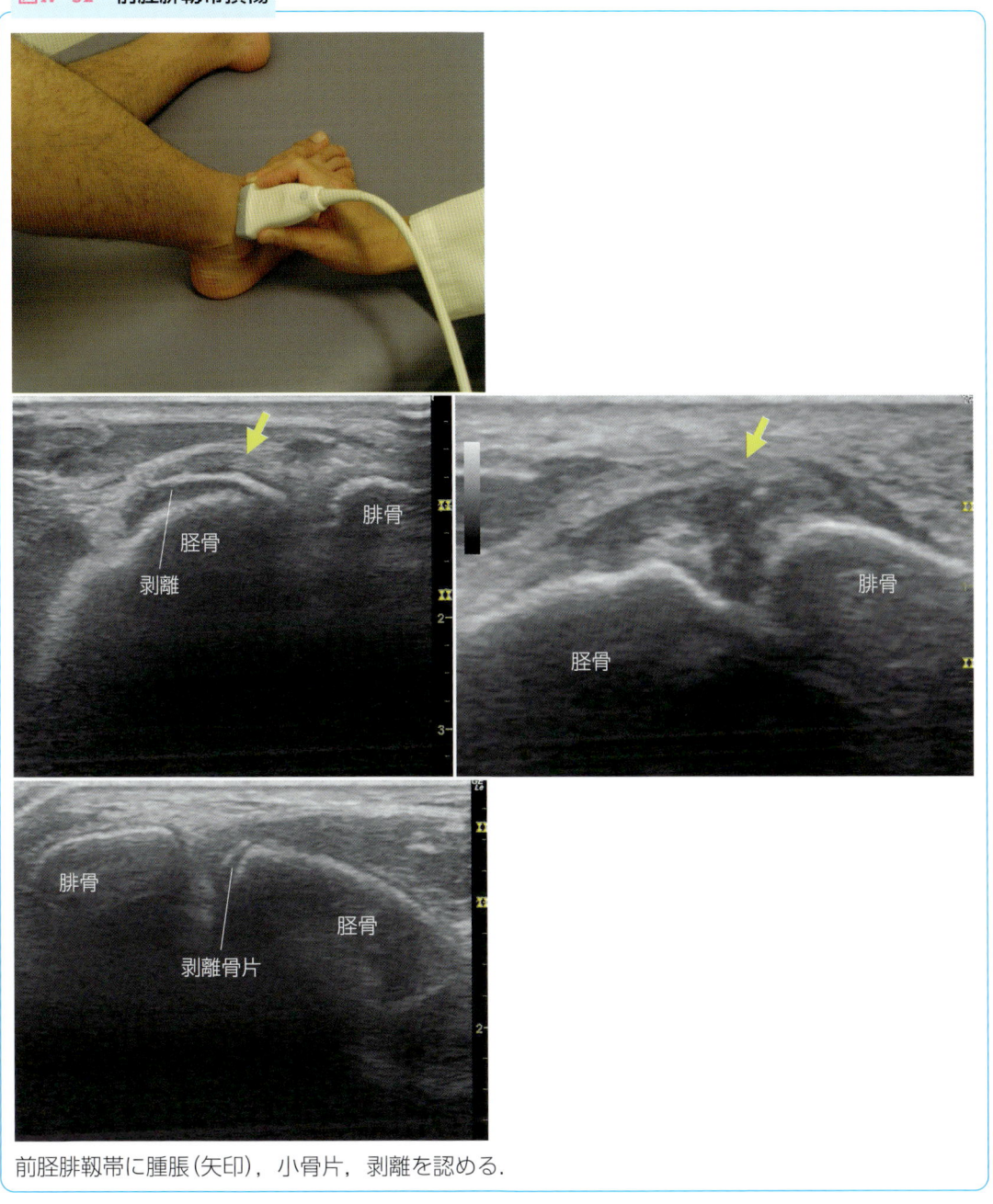

図Ⅳ-32　前脛腓靱帯損傷

前脛腓靱帯に腫脹（矢印），小骨片，剥離を認める．

図Ⅳ-33　踵腓靱帯損傷

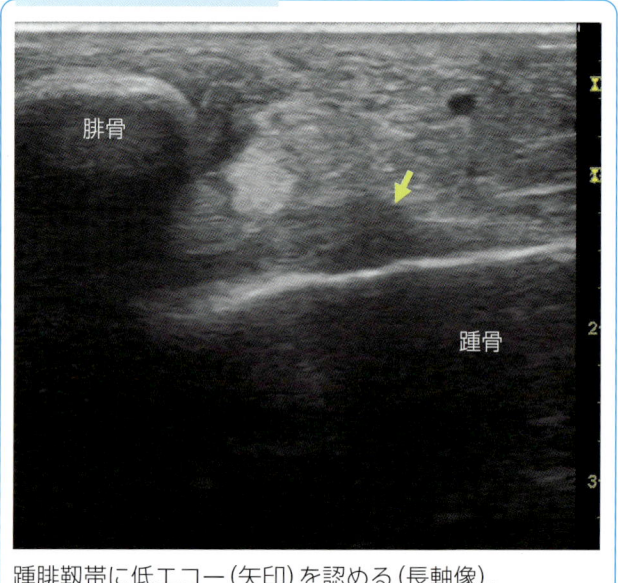

踵腓靱帯に低エコー（矢印）を認める（長軸像）．

テクニックノート

　踵腓靱帯の描出はまず短軸像で踵骨表面の靱帯をとらえ，そこから長軸像にプローブを回転させると全体を描出できる．

中足骨・舟状骨疲労骨折(図Ⅳ-34)

骨皮質の不連続,肥厚を確認する.

図Ⅳ-34 中足骨疲労骨折

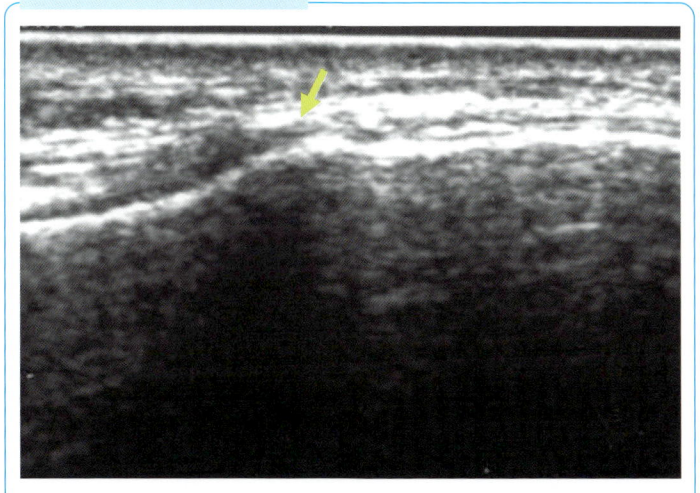

第5中足骨の骨膜肥厚と周囲の低エコー(矢印)を認める.

Impingement exostosis, フットボーラーズアンクル(図Ⅳ-35)

足関節に対する過度の負荷により生じる足関節周囲の骨棘形成．
関節遊離体を伴う場合もある．前方部の骨棘や遊離体は超音波で確認できる．

図Ⅳ-35 Impingement exostosis, フットボーラーズアンクル

脛骨前縁，距骨に骨棘(矢印)を認める．

腓骨筋腱脱臼（図Ⅳ-36）

スキーなどで発生する．腱周囲の低エコーと内反ストレスでの脱臼を確認する．特に腱内側の軟部組織の腫脹が存在する場合は，再脱臼しやすいので注意を要する．

図Ⅳ-36　腓骨筋腱脱臼

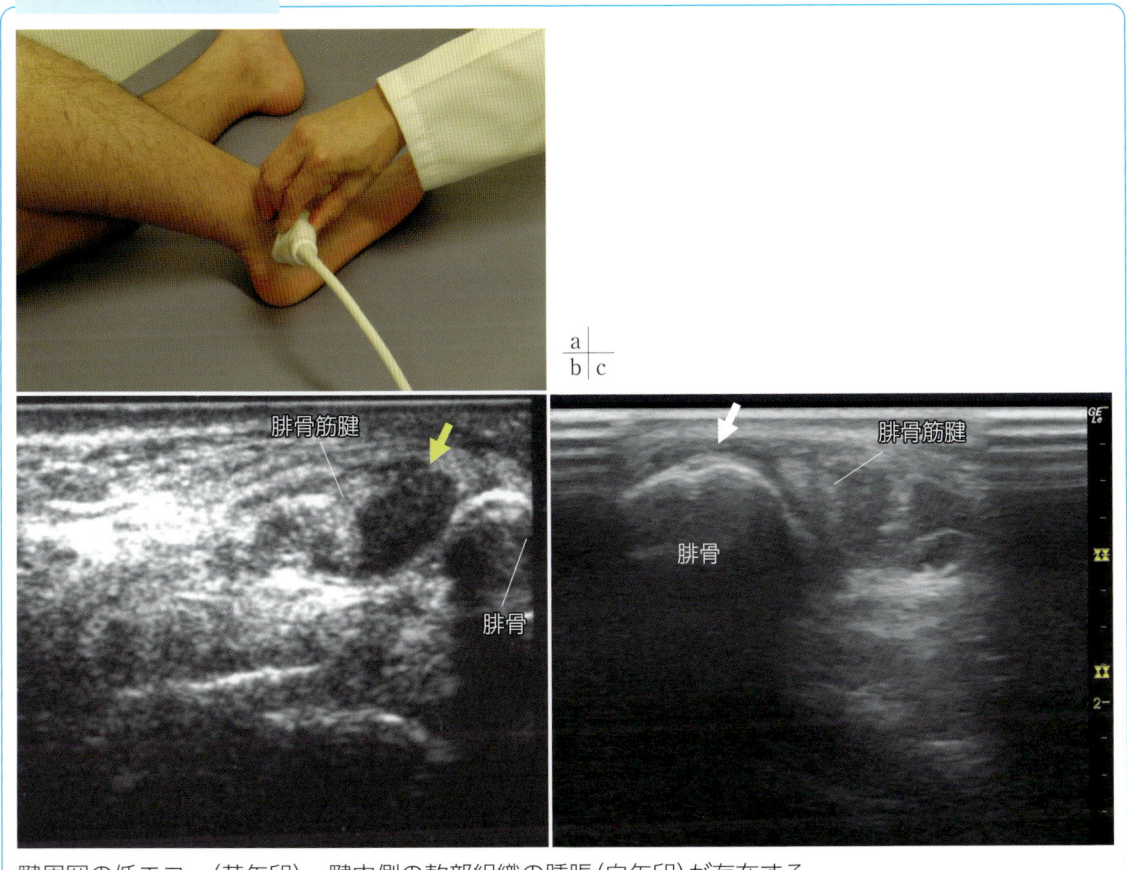

腱周囲の低エコー（黄矢印），腱内側の軟部組織の腫脹（白矢印）が存在する．

足底腱膜炎（図Ⅳ-37）

ランニング着地時の足底部踵骨内側の痛み，同部に低エコーと圧痛を認める．

図Ⅳ-37　足底腱膜炎

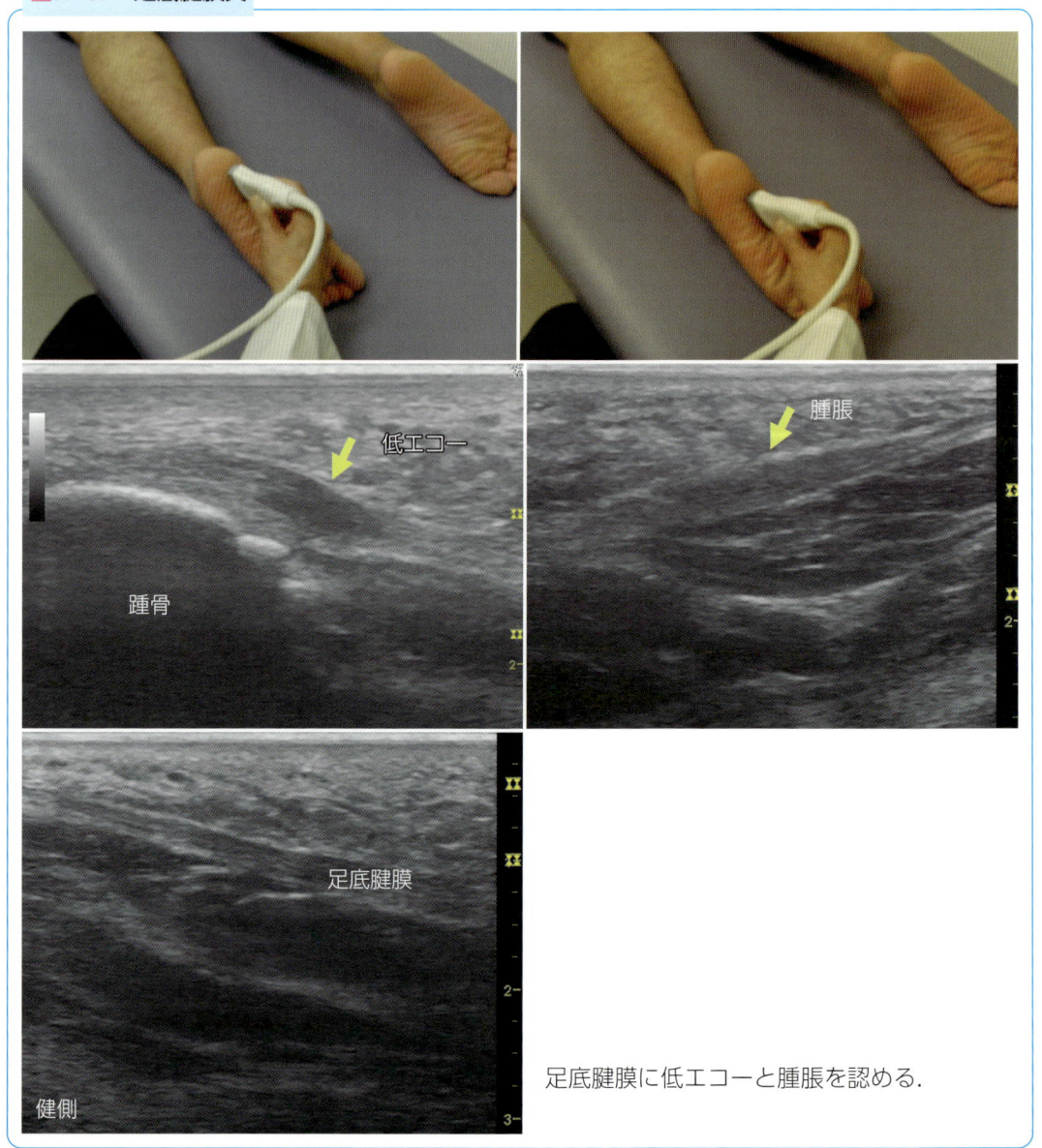

足底腱膜に低エコーと腫脹を認める．

有痛性外脛骨

舟状骨内側の骨皮質の不連続を確認する(図Ⅳ-38). 有痛性の場合, 低エコーが存在することが多い.

図Ⅳ-38 有痛性外脛骨

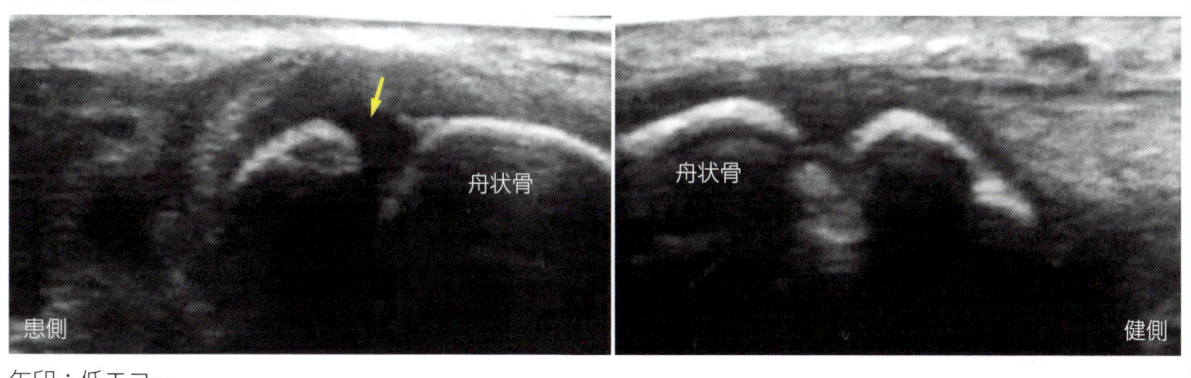

矢印：低エコー

Lisfranc 靱帯損傷（図Ⅳ-39）

　内側楔状骨と第2中足骨を連結する靱帯損傷．内側楔状骨，第2中足骨間の圧痛部位に短軸像で低エコーを認める．

図Ⅳ-39　Lisfranc 靱帯損傷

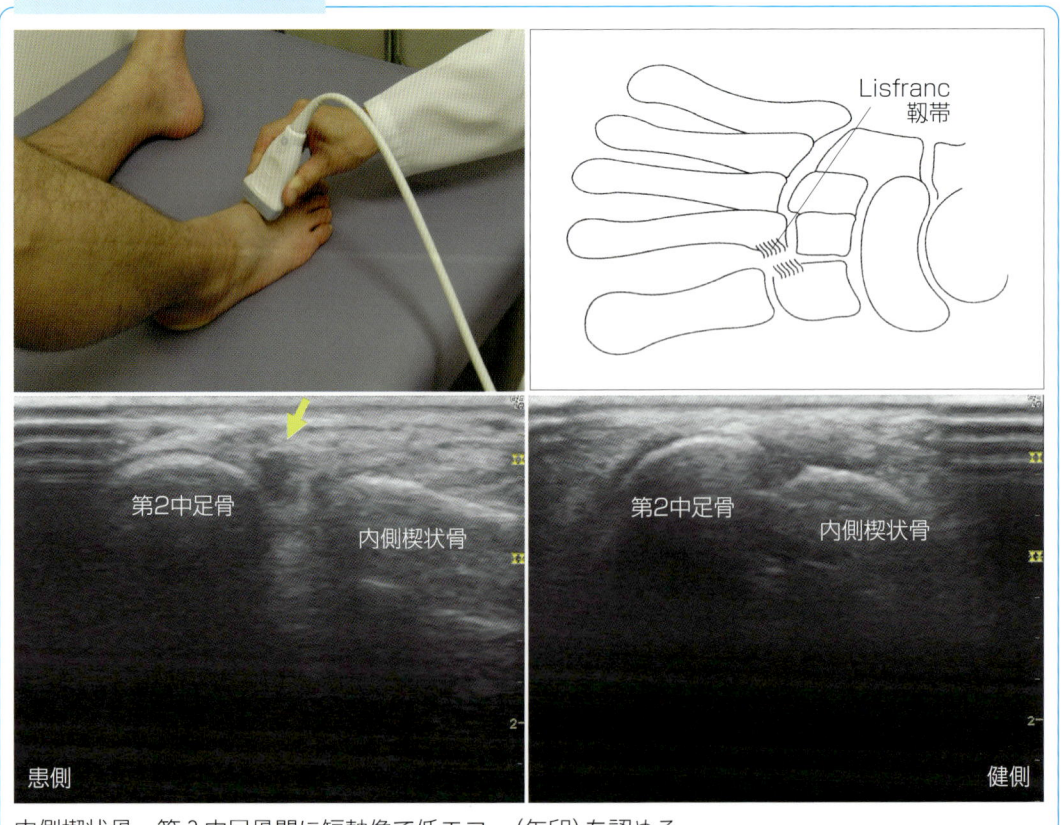

内側楔状骨，第2中足骨間に短軸像で低エコー（矢印）を認める．

後脛骨筋腱炎(図Ⅳ-40)

腱周囲に低エコーを認める．扁平足障害に伴う症例が多い．

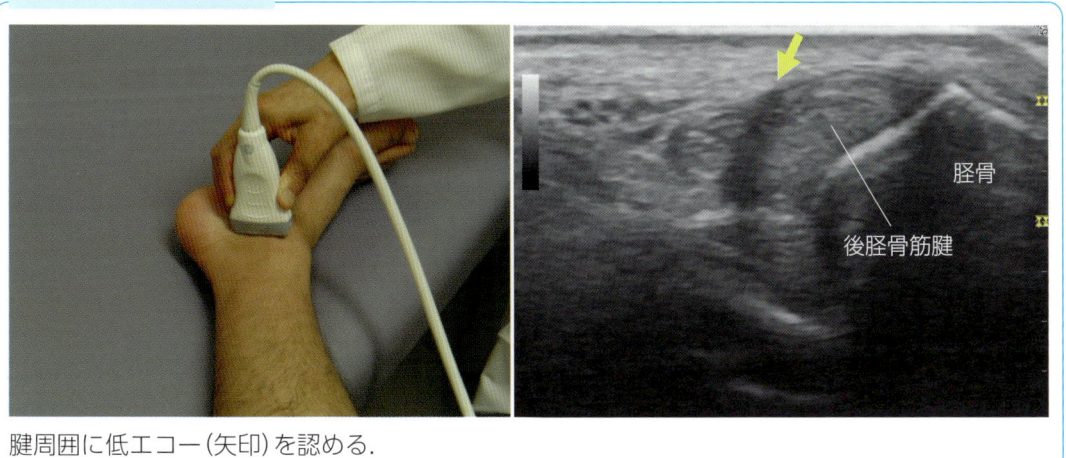

図Ⅳ-40　後脛骨筋腱炎

腱周囲に低エコー(矢印)を認める．

5. 足関節・足

索 引

▶▶ あ
アキレス腱炎 ………………………………… 105
アキレス腱断裂 ……………………………… 106

▶▶ か
外上顆，ECRB（短橈側手根伸筋），
　ECRL（長橈側手根伸筋），
　EDC（総指伸筋）の共同腱の正常超音波像 … 52
外上顆炎 ……………………………………… 69
外側型野球肘 ………………………………… 55
下前腸骨棘裂離骨折 ………………………… 87
鵞足炎 ………………………………………… 101
下腿三頭筋損傷 ……………………………… 3
肩関節の解剖：関節窩 ……………………… 13
肩関節の解剖：後方 ………………………… 13
肩関節の解剖：上方 ………………………… 13
肩関節の解剖：前方 ………………………… 12
滑液包面断裂 ………………………………… 23
滑車部軟骨損傷 ……………………………… 65
関節唇の剥離像 ……………………………… 33
関節面断裂 …………………………………… 23

▶▶ き
鏡視下 Bankart 修復術 ……………………… 29
棘下筋 ………………………………………… 12
棘下筋萎縮 ………………………………… 22, 25
棘上筋 ………………………………………… 12
棘上筋腱断裂 ………………………………… 22
近位型 MCL 損傷と遠位型 MCL 損傷 ……… 61
近位引き込み現象 …………………………… 35
近位引き込み現象の超音波像 ……………… 34

▶▶ け
脛骨疲労骨折初期像 ………………………… 9
脛骨疲労骨折と下肢疲労骨折発生部位 …… 104
結節間溝 ……………………………………… 12
結節間溝周辺の血管像 ……………………… 40
肩甲下筋 ……………………………………… 12
肩甲下筋腱断裂 ……………………………… 24

肩甲下筋腱断裂，損傷 ……………………… 22
肩甲骨内上角炎 ……………………………… 46
肩鎖関節損傷 ………………………………… 39
腱内断裂 ……………………………………… 23
腱板（棘上筋腱）完全断裂像 ……………… 23

▶▶ こ
後脛骨筋腱炎 ………………………………… 117
鉤突起の正常超音波像 ……………………… 54
後方インピンジ ……………………………… 67
後方型野球肘 ………………………………… 56
後方関節唇 …………………………………… 12
後方関節唇損傷 ……………………………… 36
後方タイトネス ……………………………… 45
後方の正常超音波像 ………………………… 16
股関節 impingement ………………………… 88
骨頭 notch，Hill-Sachs 損傷 ………………… 38

▶▶ さ
三角線維軟骨複合体（TFCC）の解剖 ……… 79
三頭筋長頭の肩甲骨起始部の
　組織像と関節包との関係 ………………… 44

▶▶ し
指側副靱帯損傷 ……………………………… 86
膝内側側副靱帯（MCL）損傷 ……………… 5
膝内側側副靱帯損傷 ………………………… 95
尺側手根伸筋腱（ECU）脱臼 ……………… 83
尺骨神経脱臼症例 …………………………… 71
尺骨神経の正常超音波像 …………………… 53
ジャンパー膝 ………………………………… 98
小円筋 ……………………………………… 12, 13
小頭の離断性骨軟骨炎 ……………………… 57
小児の肘内側部の解剖 ……………………… 56
踵腓靱帯損傷 ………………………………… 110
上方関節唇 …………………………………… 12
上方関節唇，前下方関節唇の正常像 ……… 16
上方関節唇損傷 ……………………………… 36
上方の正常超音波像 ………………………… 15

▶▶ し

上腕筋遠位部損傷	73
上腕骨遠位外側骨端線損傷	59
上腕骨近位骨端線損傷	7
上腕骨小頭の正常超音波像	54
上腕二頭筋長頭腱	12
上腕二頭筋長頭腱炎	40
神経血管損傷	8
シンスプリント	103

▶▶ す

スキー（ポール）サム（母指）	85

▶▶ せ

正常外上顆像と解剖	68
正常上方関節唇像	33
正常内側側副靱帯（MCL）	60
前下方関節唇	12
前下方関節唇損傷, detached type, classical Bankart 病変	27
前下方関節唇損傷, displaced type, ALPSA 病変	27
前距腓靱帯損傷	108
前脛腓靱帯損傷	109
前上方の関節唇検査時のプローブポジション	30
前上方部損傷（anterosuperior corner injury）	30, 31
前上方部損傷（−）	31
前方の正常超音波像	14

▶▶ そ

総指伸筋（EDC）	68
足底腱膜炎	114

▶▶ た

大結節骨折	19
大腿四頭筋内血腫	2
脱臼による損傷	26
多裂筋損傷	90
短橈側手根伸筋（ECRB）	68

▶▶ ち

中足骨疲労骨折	111
肘頭窩の正常超音波像, 短軸像	53
肘頭窩の遊離体	74
肘頭の正常超音波像（長軸像）	52
肘頭疲労骨折	66
肘部管症候群の尺骨神経長軸像	71
長橈側手根伸筋（ECRL）	68
腸腰筋，大腿直筋損傷	89
陳旧性大結節骨折	19

▶▶ て

テニスレッグ	107

▶▶ と

投球障害肩	17
投球障害のメカニズム：後方説	18
投球障害のメカニズム：前方説	17
橈骨不全骨折	9
動態検査の実際とその像	34

▶▶ な

内上顆，内側側副靱帯の正常超音波像	51
内上顆炎	70
内側型野球肘	55
内側膝蓋大腿靱帯（MPFL）損傷	96

▶▶ は

半月板損傷	93
反復性肩関節脱臼，亜脱臼	27
反復性脱臼	30
反復性脱臼術後の超音波像	29

▶▶ ひ

腓骨筋腱炎・脱臼	4
腓骨筋腱脱臼	113
膝前十字靱帯（ACL）損傷に伴う Segond 骨折	102
肘滑膜ヒダ障害	72
肘関節の解剖	50

肘離断性骨軟骨炎，軟骨下骨の不整 ……… 6
筆者の考える投球障害メカニズム ………… 18

▶▶ ふ，ま
腹直筋損傷 ………………………………… 92
分裂膝蓋骨＋外側広筋損傷 ……………… 100
マレットフィンガー ……………………… 78

▶▶ や，ゆ，よ
野球肩 ……………………………………… 17
野球肘の病態 ……………………………… 55
有鈎骨鈎骨折 ……………………………… 84
有痛性外脛骨 ……………………………… 115
腰椎分離症 ………………………………… 91

▶▶ ら，り
ランニング膝 ……………………………… 97
離断性骨軟骨炎 …………………………… 58
リトルリーグ肩 ………………………… 20, 21
リトルリーグ肘 …………………………… 63

▶▶ B
Bankart 病変と ALPSA 病変 ……………… 26
Bennett 病変周辺の低エコー像 …………… 44
Bennett 病変の超音波像 …………………… 43
Black spot ………………………………… 31
Black spot 症例 …………………………… 32

▶▶ D, H, I
de Quervain 病 …………………………… 82
HAGL 病変（humeral avulsion glenohumeral ligament） ……………………………… 28
Impingement exostosis, フットボーラーズアンクル ………………… 112

▶▶ L, M
Lisfranc 靱帯損傷 ………………………… 116
MCL 再建術後 ……………………………… 64
MCL 損傷 …………………………………… 61
MCL 損傷（小児） ………………………… 62

▶▶ O, P
Osgood 病 …………………………………… 99
Paralabral ganglion ……………………… 37
Parameniscal ganglion …………………… 94
Pulley lesion ……………………………… 41

▶▶ R, S, T
Rotator Interval（腱板疎部） …………… 12
Snyder 分類 ………………………………… 32
Swimmer's shoulder ……………………… 42
TFCC 損傷 ……………………………… 80, 81

~~~ 著者略歴 ~~~~~~~~~~~~~~~~~~~~~~

杉本　勝正
（すぎもと　かつまさ）
生年月日　1957年1月27日
＜略　歴＞
1981年　名古屋市立大学卒業
　　　　名古屋市立東市民病院
　　　　小牧市民病院
　　　　国立東静病院
　　　　名古屋市厚生院
1994年　大垣市民病院整形外科，医長
1996年　名古屋市立緑市民病院整形外科，部長
2002年　名鉄病院整形外科，部長
　その間，1992～93年まで文部省在外研究員
　として北米留学
2006年　名古屋スポーツクリニック，院長
　現在に至る
＜学会関連＞
　日本肩関節学会幹事，日本整形外科スポーツ
　医学会評議員，日本関節鏡・膝・スポーツ整形
　外科学会評議員，中部日本整形外科災害外科
　学会評議員，日本整形外科超音波研究会幹事
＜スポーツ関連＞
　中日ドラゴンズメディカルアドバイザー
　名古屋オーシャンズ（Ｆリーグ）チームドクター
　愛知県ラグビー協会医務委員

これでわかる！スポーツ損傷超音波診断　肩・肘＋α

2012年10月10日　第1版第1刷発行（検印省略）
2014年 8月 1日　　　　　第2刷発行

著　者　杉　本　勝　正
発行者　末　定　広　光
発行所　株式会社　全日本病院出版会
　　　　東京都文京区本郷3丁目16番4号7階
　　　　郵便番号 113-0033　電話 (03) 5689-5989
　　　　　　　　　　　　　FAX (03) 5689-8030
　　　　郵便振替口座　00160-9-58753
　　　　　　　　　印刷・製本　三報社印刷株式会社

©ZEN-NIHONBYOIN SHUPPAN KAI, 2012.
・本書に掲載する著作物の複製権・翻訳権・上映権・譲渡権・公衆送信権
　（送信可能化権を含む）は株式会社全日本病院出版会が保有します．
・JCOPY ＜（社）出版者著作権管理機構　委託出版物＞
　本書の無断複写は著作権法上での例外を除き禁じられています．複写される場合は，そのつど事前に，（社）出版者著作権管理機構（電話 03-3513-6969，FAX03-3513-6979，e-mail：info@jcopy.or.jp）の許諾を得てください．
　本書をスキャン，デジタルデータ化することは複製に当たり，著作権法上の例外を除き違法です．代行業者等の第三者に依頼して同行為をすることも認められておりません．

定価はカバーに表示してあります．
ISBN 978-4-88117-068-7　C3047